# 领导力修炼法则

## 高效能团队领导力心理技巧分析

Leadership

耿兴永◎著

中国法制出版社
CHINA LEGAL PUBLISHING HOUSE

图书在版编目（CIP）数据

领导力修炼法则：高效能团队领导力心理技巧分析 / 耿兴永著. —北京：中国法制出版社，2019.9

ISBN 978-7-5216-0532-7

Ⅰ. ①领⋯ Ⅱ. ①耿⋯ Ⅲ. ①组织管理学 Ⅳ. ①C936

中国版本图书馆CIP数据核字（2019）第192084号

策划编辑 / 责任编辑：吕静云（lvjingyun0328@sina.com） 封面设计：李 宁

领导力修炼法则：高效能团队领导力心理技巧分析

LINGDAOLI XIULIAN FAZE：GAO XIAONENG TUANDUI LINGDAOLI XINLI JIQIAO FENXI

著者 / 耿兴永

经销 / 新华书店

印刷 / 三河市国英印务有限公司

开本/ 710毫米×1000毫米 16开 印张/ 13.5 字数/ 174千

版次/ 2019年9月第1版 2019年9月第1次印刷

中国法制出版社出版

书号ISBN 978-7-5216-0532-7 定价：43.00元

北京西单横二条2号 邮政编码100031 传真：010-66031119

网址：http://www.zgfzs.com 编辑部电话：010-66034985

市场营销部电话：010-66033393 邮购部电话：010-66033288

（如有印装质量问题，请与本社印务部联系调换。电话：010-66032926）

CONTENTS

# 目录

## 第一章

## 优秀的领导都有哪些核心团队领导能力



## 第二章

## 常见的团队领导类型有哪些

## 第三章
## 有效的沟通，有效的管理——团队核心沟通能力



## 第四章
## 高瞻远瞩——团队核心决策力

## 第五章
## 激励你的团队成员——团队核心激励能力



## 第六章
## 提升你的个人魅力——团队领导的性格魅力



## 第七章
## 让懒散消失在无形之中——提升团队执行能力

## 第八章

## 运筹帷幄——提升你的组织能力

# 第一章

## 优秀的领导都有哪些核心团队领导能力

## 运筹帷幄——决策能力

如果你想成为一个成功的团队领导，就必须学会决策。

不管你是在一个销售团队里，因为客户的流失而感到困惑；还是在一个 IT 项目团队里，因为一个程序技术问题一时无法解决，止步不前；或者在一个车间生产团队里，因为一个产品质量问题无法解决，困惑不已。当出现问题时，你都必须快速做出决断，找到解决问题的方法，带领团队克服困难，走向成功。

心理学家麦奇曾经做过一个实验。他找来一些优秀的团队管理者和一些普通人，在公园里设置了一个情境。在这个情境里，这些参加实验的人被安排在一座小山上，心理学家要求他们在第二天天明时才能下山，且必须用现有的条件去解决当前的危机。此时，他们的手边只有一部即将失去电量的手机、很少的几根干柴、一个打火机和一条毛巾，然后观察这些人的反应。

结果发现，那些优秀的团队管理者，在稍微的慌乱过后能够马上平静下来。他们先是打电话求救，报告自己的确切位置，然后有的人四处寻找可供庇护的场所，如山洞一类的；有的人寻找干柴，用手边的打火机引燃它们，以便在晚上取暖；有的人找到山泉，用毛巾吸满泉水，供大家解渴。而那些缺乏管理能力的人则乱作一团，不知道该怎么办。

在团队里，我们总是时时面对着各种挑战。而作为团队的领导者，你必须为团队设定明确的目标并制订切实可行的工作计划，为每一个团队成员分配任务，然后鼓励他们去做。

在心理学里，所谓团队中的决策，就是根据你的任务和当前面对的难题，确定目标、做出工作计划、提出解决方案并执行的过程。它是一个优秀的团队领导者不可或缺的一种能力。需要你对团队工作有一种前瞻力。

从心理学的角度来讲，决策就是充分运用你的知识、信息，为团队的任务做出正确规划的过程，确立行动方案，布置分配人员，坚持行动，直到目标实现。

这种能力是优秀的管理者必不可少的。

**经典案例：**

第二次世界大战期间，为了缓解德军在东部战场对苏联军队的压力，盟军决定在法国西部的海岸线开辟第二战场，准备从英国派军队横渡英、法之间的海峡，登陆作战。当时有两处登陆地点可供选择，一处是加莱，另一处是诺曼底。两个地点各有利弊。

加莱的优点是距离英国更近，而且靠近德国本土，一旦登陆成功，盟军可以很快展开攻势，给德军带来强大的压力。但这个方案也有缺点，那就是德军在此处的防御力量最强，守备的军队是精锐部队，工事完备坚固，并且附近没有大港口，船舶难以靠近，也缺乏内陆交通线，不便于登陆后向纵深发展。

另一个备选登陆场所是诺曼底。诺曼底虽然离英国较远，但这里的德军较少，防御较弱，而且地形开阔，可同时部署30个师进攻。并且，这里距离法国北部最大的港口——瑟堡港仅80公里，一旦登陆成功，便于后续的作战布置。

为此，盟军司令部进行了充分的讨论，几经权衡比较，盟军中将摩根将军最终做出了决策，选择了诺曼底作为登陆地点，并为此确定了详细的登陆作战方案。

盟军司令部依据作战方案，对诺曼底的德军展开了强大的攻势。他们一举攻占了诺曼底，从而在欧洲西部开辟了第二战场，沉重打击了德军，并且就此改变了第二次世界大战的战局。

可以说，正是强大的决策能力保证了诺曼底登陆的成功。

团队领导者必须拥有优秀的决策能力。通过进行正确的决策，你将指引团队坚持合理的方向，引导大家分工协作，共同努力，直到团队的目标得以实现。

### 发现你的问题和挑战

如果你是在一个手机销售团队里，最近正面临着一个难题：你新推出的一款手机并没有取得预期的市场反响，客户反应冷淡，销售业绩平平。这时该怎么办？

问题出现时，也就是你必须充分地收集信息、做出决策的时候。

你必须清楚：客户为什么对你的商品不感兴趣？为什么选择了其他商品？是你的商品的功能不能满足他们的要求？是价格定位过高？是包装不够新颖、漂亮？或者是同类竞争对手在挤压？

……

找到了问题，你也就知道了团队下一步的行动方向。根据面临的问题修改工作计划，重新制订销售方案，改变销售乏力的情况。

作为团队的领导者，你必须具有敏锐发现问题的能力。团队的工作就好像是一艘行驶在海中的大船，随时可能会遇到风暴、海流、暗礁等各种挑战，只有拥有敏锐的头脑，冷静地发现这些问题，做出正确的决策，才能够克服困难，让你的团队走向成功。

### 明确你的目标、人员分工，制订计划

当知道团队所面临的问题时，也就知道了下一步行动的目标。

例如，在手机销售团队里，你面临的问题是新手机销售不利。那么，你下一步将采取什么措施来解决这个问题？

你将如何重新设计你的商品，以便让它们能够更好地满足用户的需求？

你将如何改进商品的包装，以便让它看上去更加漂亮、有吸引力？

你要如何考虑灵活的定价，以便让它在价格上更有竞争力？

你要如何加大宣传，以便让客户更好地了解它？

……

并且，为工作的每一部分安排最适合它的人选。如：

让设计专家去改进商品的性能；

让美工专家去改变商品的包装；

让市场专家去重新考虑商品的价格；

让推销专家去把商品介绍给更多的用户；

……

把这些工作写在书面上，记在电脑里，让它成为一份文件，这样，就形成了一份行动的方案。有了这份方案的指引，团队的每个成员照着去执行，团队行动就会变得井然有序。

有了这样的一份方案，你的团队将变得富有执行力。

## 充分调动团队的力量

要记住一点，团队是一个协作、共赢的集体。应该让每一个团队成员积极参与到决策当中来。在团队里，每个人都有着不同的知识背景、技术经验，要让每一个团队成员献计献策，把他们的知识、信息共享出来，共同商讨，发挥出他们的创造力，形成一份准备周全、考虑充分的行动方案。

你可以在决策时充分听取每一个团队成员的意见，与他们热烈地商讨每一个行动的细节，考虑可能会遇到哪些困难，应以怎样的方式面对，在解决这些困难时每个人能够发挥什么作用。

通过这样的过程，既让每一个成员参与了决策，又把他们与团队紧密地结合在一起，形成一个充满活力的整体，你的团队将更富有创造力。

**组织和实施**

在做出正确的决策之后，下一步自然就是实施。经过周密的准备与讨论，此时，你的方案已经跃然纸上，下一步，就是把它们变成现实。

坚定地按照预定的方案去执行，用热情的话语去激励你的团队成员，在他们遇到困难时，帮助他们重拾信心；在他们取得成绩时，肯定他们，让他们感到信任和支持；让每一个团队成员充分发挥出自己的潜能，使团队发挥出“1+1＞2”的效果。

概言之，要记住，要想成为一个成功的团队领导者，你就必须学会正确做决策，发现团队面临的挑战，激励团队伙伴为此献计献策，共同努力，让每一个团队成员都发挥出自己的潜能，直到团队取得成功。

## 发挥出“1+1＞2”的效果——组织能力

如果想成为一个成功的团队领导者，你就必须拥有优秀的组织能力。

俗话说：“一箭易断，十箭难折。”对于一个成功的团队，每一个人虽然各司其职，但整合在一起，却能发挥出“1+1＞2”的效果。团队的成功需要每个团队成员的付出与参与，就好像一棵大树，有树根为它汲取养分，有枝干延伸它的躯体，有茎脉为它输送水分，有树叶为它进行光合作用、制造养料。这些不同的部分虽然功能不同，但是整合在一起，就使树成为树。

如果想让团队实现“1+1＞2”的效果，就需要你——团队的领导者，进行精心、周密、富有创造力的组织。

心理学家曾做过一个实验。在一所大学里，他们找来一些足球运动员，这些运动员能力条件一般，身体素质并不出众，运动能力也并不突出。但是心理学家为他们配备了一名有着丰富组织管理经验的教练，教练分析了每一名运动员的能力特长，然后为他们找到最适合自己的位置，并为他们量身定做了训练方案。随后让他们参加大学联赛，结果，这只平平无奇的球队取得了让人意想不到的成绩，连续三年，都取得联赛的第一名。

这是为什么？

答案在于，出色的组织，起到了“化腐朽为神奇”的作用，让每一个人都最大限度地发挥了自己的潜能。

如果组织得力，即使是一些看上去平平无奇的人，也能够发挥出潜能，形成强大的战斗力。每一个团队成员都是有潜能的，如果你能够调动他们，把他们的潜能释放出来，团队就可以脱胎换骨，从一些平常的、松散的组合，变成一个富有激情的、充满创造力的集体，这都是因为组织的作用。

**经典案例：**

在西汉的汉文帝时期，周勃担任右丞相，陈平担任左丞相。一天上朝的时候，汉文帝问右丞相周勃："我们国家一年有多少讼案？"周勃如实回答："不知道。"汉文帝又问："那么国库一年的钱粮收支是多少呢？"周勃还是不知道，禁不住冷汗直流。

汉文帝于是回过头问左丞相陈平。陈平也不知道，他却这样回答："每件事都有它的主管官员。如果问讼案，找廷尉；问钱粮收支，找治粟内史。"文帝不高兴了，质问陈平："既然都有相应的官员负责，要你这丞相还有什么用呢？"陈平回答："由我来组织管理他们，所以他们才能把那些工作做好啊！"

汉文帝因此对陈平非常赏识，认为他是一个会管理的组织者。

在团队里，每个人的性格、兴趣、爱好、知识背景都不相同，每个人的特长、能力也各有差别，但是，我们是为了一个共同的目标走到一起来的。同样一批人，在不同的组织下，可能发挥出不同的效果。

## 为你的团队找到合适的人选

首先，要为你的团队选择合适的人选。例如，在销售团队里，你可能需要广告设计、市场调查、客户心理、渠道推广等各方面的人才，你的团员的性格要开朗、热情、喜欢沟通、擅长表达；在 IT 项目团队里，你可能需要熟悉编程技术，有着丰富的项目经验的人才，性格要认真、仔细、有耐心、有毅力；在车间生产团队里，你可能需要精通生产技术、流程管理、质量监控方面的人才，性格要严谨，做事要一丝不苟，同时又要开朗，擅长沟通。

为自己的团队找到合适的人选，这就好比你要烧制一道菜肴，就必须准备相应的材料。有了这些材料，你就能烧制出一道道美味的菜肴。你可以在生活中随时注意、收集人才的信息，在发现他们时，热情地向他们发出邀请，使他们参与到你的团队中来。

### 为每一个团队成员分配责任

就好像在足球比赛中，要有前锋、中锋、后卫、守门员等不同的角色，在团队里，每个人也要承担不同的工作。在选到合适的人选之后，还要根据他们的特点，把他们分配到不同的位置上去。

例如，在销售团队里，有人承担广告设计工作，有人承担市场调研工作，有人承担渠道推广工作，等等。每个人都承担自己相应的工作，各自分工，会使工作更有效率。同时，把这些不同的工作整合到一起，就形成了一个强大的整体。

### 充分地讨论与沟通

切记一点，我们的团队，面临的往往是具有高度挑战性的任务，只靠一个人的力量是无法完成的。为此，你必须充分调动每一个成员的积极性，群策群力，把问题解决。

应该允许每一个人发表自己的见解，每一个人的视角都是有限的，每个人只能够看到整体的一部分。只有把不同的视角整合起来，才能够形成一个对事物完整的认识。为此，就需要进行头脑风暴，让每一个团队成员把自己的知识贡献出来，通过相互之间的讨论，形成一个更加完善、周密的行动方案。

## 勤于学习

团队的任务大都是具有挑战性的，你可能会发现已有的知识储备无法应对当前的任务，这就需要团队随时补充新的知识。例如，在销售团队里，要补充广告设计、客户心理方面的知识；在 IT 项目团队里，要补充程序语言、算法、客户工作流程方面的知识；在车间生产团队里，要补充原材料、生产加工过程、质量管理等方面的知识。

要组织团队成员不断学习，同时相互讨论，把每一个人的知识贡献出来，在其他人受益的同时，自己也得到提高，团队将会变得更有战斗力。

总而言之，要注意：团队能否成功，取决于你能否根据团队成员的能力、特长、性格特点，把他们紧密地组织整合在一起，形成一个强有力的整体。拥有强大的组织能力，你的团队将走向成功。

## 传递信息——沟通能力

要想成为一名成功的团队领导，你必须拥有优秀的沟通能力。

为什么需要沟通?

如果把团队比喻成一艘在海面上行驶的大船。在这艘船上，有船员负责为轮机添加燃料，有大副负责瞭望海面，有船长负责掌舵和指挥。每一个人各司其职。这时，如果遇到暗礁，就必须齐心协力，大副负责发现危险的暗礁，把暗礁位置通知给船长；船长下达命令给船员，船员添加充足的燃料，开足马力，绕开暗礁，顺利前行。

之所以能够顺利前行，是因为船员、大副、船长能够进行充分的沟通与协作。

在团队里，也必须进行充分的沟通。因为我们的团队面对的大都是具有挑战性的任务。为了得到一个完美的解决问题的方案，就必须进行充分的沟通。

如果缺乏沟通，每一个人的力量都是孤立的，都在各自为战，彼此之间缺乏支持和帮助，团队的力量无法得到整合，也就无法面对困难。

心理学研究认为，沟通是一个成功的团队不可缺少的因素。曾经有心理学家调查过成功的政治家、企业家及团队领导者，问他们成功的秘诀是什么，他们几乎无一例外地都把沟通放在首位。

在被问到理由的时候，他们是这样回答的：“沟通使我与我周边的人们充分交换了信息，了解了彼此的意图，彼此建立了信任关系，形成了一个共同的目标，然后我们一起努力，当整体获得成功时，每一个人都从中受益了。”

如果没有沟通，很难想象团队目标可以达到。

**经典案例：**

建安十三年（公元208年），曹操率大军压境，刘备打了败仗，被迫撤退。诸葛亮看到这种情况，对刘备说：“现在形势紧急，请派我去向东吴孙权求救。”刘备答应了他的请求。

当时孙权正在坐山观虎斗，等着刘备与曹操交战，以便自己渔翁得利。诸葛亮会见孙权时，力陈形势，分析利弊。他指出：如今曹操的力量越来越强大，削弱群雄，威震四海。英雄已没有用武之地，刘备又遭到兵败。如果曹操的军队继续壮大，刘备的军队溃败，那么曹操的下一个攻击对象必然是孙权。

听完诸葛亮的分析，孙权觉得很有道理，但是他又有疑虑，问：“曹操的军队如此强大，与他对抗，能够取胜吗？”

对此，诸葛亮的回答是：“曹操的军队远道而来，连续作战，已经疲惫不堪。刘备虽然一时战败，但实力并没有损失很多，现在仍有数万精兵，有充足的战斗力，如果与孙权联合，一定会有取胜的机会。”

就这样，诸葛亮进行了一次具有历史意义的沟通。沟通之后，孙权即派周瑜率领三万水军，与刘备一起形成吴蜀联军，联合抵抗曹操，最终在赤壁击败曹操。刘备借此机会收取江南，由此形成三国鼎立的局面。

可以说，因为沟通，诸葛亮成功消除了与东吴的分歧，团结了东吴，最终实现了对抗曹操的目标。

在团队里也是一样的。沟通可以让人们充分交换信息，共享知识，进行头脑风暴，形成新的方案，相互激励，相互支持，一同努力，克服困难。

## 营造宽松的沟通氛围

在团队里，应该形成一种相互信任、积极表达的氛围。遇到困难时，每一个人都可以主动地把自己的观点说出来，群策群力，共同探讨，分析问题的原因，找到解决问题的方案。

## 让表达更清晰、更完整

每个人的思维方式可能都不一样，你认为很自然、很容易理解的事情，在别人那里却可能觉得很费解。如果不进行清晰的表达，他们可能就不知道你的意图是什么。所以，要把自己的想法清晰地说出来。把你面对的问题、你的设想条理清晰地表达出来，让对方听得清楚。如果你认为对方可能未充分理解，还要进一步解释。只有将信息清楚地表达出来了，后面的沟通才有可能顺利进行。

## 注重互相交流

在沟通的时候，应该有来有往、有问有答，彼此互动。可以把沟通的地点放在一个开放的会议室里，也可以是在办公桌前，还可以是在吃饭、聊天时。然后用真诚的目光注视对方，用商讨的口气大方地说出你的问题。把你的问题表达完之后，再征求对方的意见，看他们是怎么想的，有什么好的办法。

在对方回复时，应该认真倾听，抓住对方说话的要点，如果没有充分理解，应该等对方讲完，或在说话的间隙，进一步真诚追问，请对方进一步解释。

通过这样的互动，就可以相互交换意见，达成一致。

## 注重倾听

在沟通时，一定要学会倾听。倾听是一项很重要的技术。很多人总是缺乏倾听的耐心，在对方说了几句之后就不耐烦地打断对方，急于表达自己的意见。结果没有充分掌握对方的意图。

在沟通时，应该有足够的耐心，仔细倾听对方在说什么，对方的话语可能有些乱，所以更需要你花时间去掌握他的意图。等你确认自己已经理解了他要说的之后，再把自己的想法进一步说出来，这样沟通才容易成功。

认真倾听也表达了你的一种尊重，让对方知道你在乎他，希望了解他，激发他与你进一步交流的愿望。在倾听时，应该把注意力放在对方在表达的事情上，不要只关注对方的态度。

总之，要记住，沟通是团队领导者不可或缺的一项能力。你就像一艘在大海中航行的大船的船长，必须充分与船员交换信息，形成共识，领导他们，把大船开向成功的彼岸。借助于强大的沟通能力，你将带领团队走向成功。

## 为一个共同的目标努力——激励能力

如果想成为一名成功的团队领导者，你必须拥有强大的激励能力。

团队是一个整体，在这个整体里，每个人都有着不同的性格、知识背景，都有着巨大的潜能。但他们的这些潜能都是沉睡的，就好像一块未经打磨的钻石，还无法发出炫目的光芒。他们还没有做好准备，以相互配合，形成一个强大的整体。

这时，就必须有人来调动他们、激发他们，使他们的潜能从沉睡的状态中被唤醒。

这就需要作为团队领导者的你，拥有一种激励能力。

心理学家曾经做过一个游戏。他们选择了两组团队成员，要他们搭人梯，翻越一个高达三米的木桩墙。为了翻越这个木桩墙，他们必须协同努力，有的人当梯子，有的人扶起那些身材矮小的人，帮助他们爬上人梯。

对于其中的一组，心理学家并没有给他们任何指示。但是对于另外一组，在开始之前，心理学家把他们召集在一起，对他们说："你们是一个团结的集体，集体的成功就是你们的成功，希望你们努力协作，把任务做好。"又要求团队成员之间相互击掌，彼此鼓励。在这组团队成员搭建人梯的过程中，心理学家还组织了啦啦队，在一旁观看，给他们喊口号。

最后发现，那个受到激励的团队，成员们士气高涨，相互配合，十几分钟的时间就翻越了木桩墙，而对于那组没有受到激励的团队，成员们磨蹭、相互推诿，一个小时过去了，人也没有完全翻过去。

所以，激励对于团队的成功十分重要。在绝大多数情况下，人们身体内部的潜能处于没有被唤醒的状态，只有通过你的鼓励，他们才能够士气高涨，团结一致，克服困难，走向成功。

**经典案例：**

在索尼公司，渡边纯一是一名新来的装配工，他的工作任务是每天在生产线上把电路板安装到电子游戏机外壳上。一段时间以来，他的心情不太好，因为他最近遇到了一些麻烦。他刚到公司，对装配技术还不太熟悉，别人一天可以装配50台游戏机，而他只能装配30台。而且，他正在准备结婚购房。他不希望因为自己糟糕的工作表现影响薪水。

每到中午，他买好盒饭，就坐在靠窗的一张桌子旁，闷闷不乐地一个人吃饭。这时，他总能遇到一位满头白发的老人坐在对面，穿着很朴素的衣服，也买好盒饭，与他一起坐着吃。

老人看到他闷闷不乐的样子，就问他为什么不高兴。渡边纯一就把自己遇到的烦恼全都说了出来。听完他的倾诉，老人宽慰他说："刚开始从事这个职业，总会有些困难，等过一段时间，熟悉以后就好了。"并说自己认识几个熟人，技术很好，可以帮助他尽快熟悉工作。

没过多久，果然有几名资深的工程师找到渡边纯一，对他进行了仔细的培训，告诉了他操作的细则，这样，他很快就掌握了装配的技术，可以和别人做得一样快了。而且，公司的后勤部门也找到他，对他说："公司有低价的宿舍，可以供你在买到新房之前使用。"

渡边纯一非常感激。而这时，又有人告诉他，其实一直坐在他对面，与他一起吃午饭的老人正是索尼公司的董事长——盛田昭夫。

多年以来，盛田昭夫一直保持着平易近人的风格，他每天穿着朴素的衣服，与员工一起共进午餐，与他们谈话，倾听他们的心声，无时无刻不在关怀着他们的需求，帮助他们解决烦恼。在他的带领下，公司上下团结一致，索尼公司也成为世界上顶尖的电子公司。他本人也被称为“经营之圣”。

所以，激励对于团队十分重要。作为一个团队的领导者，你必须了解团队成员的心声，知道他们的性格、爱好、心理需求，然后有的放矢，进行关怀，达到提升士气、提升团队战斗力的目的。

### 知道下属需要什么

人们并不只是为了钱而工作，心理学家认为，很多时候，人们是因为别人的尊重而努力，希望得到关怀与认可。他们最需要的是你的一句关心的话语、一次热情的鼓励、一场真诚的沟通。体育比赛里，运动员在主场观众的助威声中往往能够发挥出高水平，是因为他们感受到了主场观众热情的激励。要让团队成员体验到被关注、被爱护的感觉，他们会更愿意与你共同工作。

### 尊重、坦诚

尊重别人、肯定别人，才能够激发团队成员的工作热情。这是因为，当你这样做的时候，他们内心里的自我价值感就会得到激发，他们希望做得更多，以便不辜负你的期望，也努力得到更多的肯定。团队领导要以开诚布公的态度对待团队成员，多与之进行平等的协商。

### 了解团队成员的性格

世界上没有两片相同的树叶，也没有两个人的性格是完全相同的。有的人内向、有的人开朗、有的人热情、有的人保守、有的人主动、有的人谨慎……要了解每一个团队成员的性格，对待内向的人应该多主动与他们沟通，对待热情的人可以多给他们释放自己的空间，对待保守的人应该多鼓励他们……了解每一位团队成员，根据其性格、喜好等，采取相应的沟通方式，可以取得更好的激励效果。

## 及时肯定下属的工作成绩

当团队成员完成工作时，要及时做出反馈。对于完成好的部分，要表示夸赞，对于缺点和不足，要在先赞扬长处之后，再给予指出。让他们感到自己的付出是有价值的，得到了肯定。负面的评价要注意用委婉的方式表达，必要的时候可以选择私下里进行，给他们留一些缓和的空间，从而更愿意改进自己的工作。

概言之，要记住，在团队里，必须学会激励别人。用积极的话语、热情的态度去关注每一个人，让他们感受到你的肯定期望，他们的热情就会被激发出来，释放出更大的能量，让团队发挥出“1+1＞2”的效果。

## 良好的性格——个人魅力

如果你想成为一名成功的团队领导者，还必须具有独特的人格魅力。

心理学里有一个现象，叫“磁石现象”。它的意思是说，如果一个人的内心是自信、乐观的，他外表看上去就会大方、自如，拥有一种人格魅力。就好像一块磁石一样，能够深深吸引周围的人。人们都喜欢围绕在他的身边，使他拥有更多的朋友。

在团队里也是如此，要记住一点：你在管理一个团队，在与团队的成员协同工作，你不能把他们当成机器人，以冷冰冰的态度对他们下达命令，而是要用你的人格魅力去影响他们、引导他们。

人本主义心理学家马斯洛，曾经热衷于研究成功人士的成功秘诀。为此，他研究了大量优秀人物的经历和传记，包括企业家、政治家、军事家、管理者、商人等，研究他们是怎样成功的。结果发现，这些优秀的领导者除了本身具有娴熟的职业技能之外，大都具有一种人格魅力。

这些成功者大都有一种突出的心理特点与性格特质，那就是积极、乐观、热情、擅长理解别人，活力十足地去感染别人、影响别人，调动别人的情绪，改变别人的心境，最终大家一起走向成功。马斯洛称这样的性格为领导者的魅力。

**经典案例：**

**南北战争初期，林肯领导的北方军队因为准备不足，再加上训**

练和装备等都比不上南方军队，因此节节败退。受到挫折之后，北方军队的士气很低落，都觉得这样下去不会获得胜利。看到这种情况，林肯决定，亲自到前线去鼓舞将士。他来到前线，发表热情洋溢的演说，到医院看望伤兵，与士兵一起在战壕里吃饭，与军队家属交谈，在报纸上不断发表文章，鼓励军队英勇作战……北方将士都觉得他是一个热情的、可以信赖的人，愿意听从他的指挥。

在他的鼓励下，军队重新振作，团结一致，英勇作战，终于扭转了战局，取得了南北战争的胜利。

我们的团队大都不是一个高度成熟的、有着各种明确管理制度的组织，面对的许多问题都是不确定的，遇到问题时并不能够根据以往的规则进行解决。这都要求作为团队管理者的你，具有一种高度的灵活性。你必须培养一种独特的人格魅力，在心理的层面去影响团队伙伴们。

### 展现出你的活力

领导者的魅力何在？

请保持活力。如果领导给员工留下精神不振、没精打采的印象，那么员工也会失去信心，觉得跟着这样的领导没有出路。生活中应该尽量面带笑容，积极沟通表达，大胆发言，主动与别人打招呼；遇到困难时，应该挺身而出，鼓励别人，要展现坚强的意志和敬业精神。作为团队领导，尤其要展现充沛的精力，加强身体锻炼、保证充足的睡眠，要让自己身体素质好、精神状态好、活力十足，以正面形象示人。

### 坚定果敢的性格

领导的优柔寡断会让下属觉得茫然、不知所措。试想，你的员工遇到一个难题，需要你来决断。但你又一时做不了决定、犹豫不决，甚至推三阻四，那么势必会让员工感到没有信心。作为团队管理者，要对工作中会遇到的问题有充分的准备，当团员成员们带着疑问找到你的时候，应该当机立断，为他们解决，给他们做出一个办事利落的表率。当然，决断不是武断，是在充分掌握信息、听取员工的建议后，做出大胆的决定。

### 富有同理心，关注下属

团队管理者还要对下属富有同理心，时时关注他们的心理需求。每一个人都有内心丰富的情感世界，工作中遇到困难，都会感到失望、犹豫。这时，就需要你特别有观察力，知道他们此时的心态，在想什么，然后适当伸出援助之手。比如，一位新来的员工把工作搞砸了，必须重做，他感到很失望，但如果你适时说一句："没关系，新人都是这样的，我会支持你完成。"有了这样的安慰，新员工的沮丧情绪就会缓解很多。团队工作中遇到困难会削弱士气，但如果你能够关注他们的内心，适当地鼓励他们，就可以帮助他们克服内心的消极和恐惧。

概言之，记住一点，作为团队领导，你的一举一动都会对团队伙伴产生影响，要培养积极、乐观、豁达的性格，改变自己的言行举止，提高决断力，增强个人魅力，激励伙伴，使你的团队变成一个成功的集体。

## 坚持到底——执行能力

为了成为一名成功的团队领导者，你必须让团队拥有强大的执行力。

如果我们把团队的工作比作一次自驾旅行：为了这次旅行，你已经精心选择了目的地，如一座名山、一片森林，或者海边的沙滩。拥有了坚定的目标，又制订了详细的行动方案，包括旅游线路的选择，食物、帐篷、备用轮胎、应急灯、急救箱的准备……那么下一步，你要做的是什么？

下一步，你要做的就是坚定地行动。

不管遇到什么困难，都要按照预定的方案，坚持下去。直到完成一次艰苦的但是颇有收获的旅行。

心理学家发现，那些成功的团队，无一例外都具有强大的执行力。

心理学家曾经要求成功的团队领导者列出选择下属的标准，结果，他们把拥有执行力和善于合作排在前两位。在实际的管理中，他们会通过各种方式来提高团队的执行力。比如，选择合适的人执行相应的任务，随时沟通，不断激励下属，为下属提供各种支持，帮助他们完成任务以及随时监控工作的进程等。

**经典案例：**

巴顿将军在他的战争回忆录《我所知道的战争——巴顿回忆录》中，描述了这样一个细节：

战场上就必须争分夺秒，我不能等到敌人的炮弹打到我的头上再去行动。如果我定了什么，那就必须尽快把它变成现实。

我在提拔下属之前，通常会把所有的候选人召集到一起，给他们提一个任务。比如我会说："伙计们，我要在仓库后面挖一条30米长、1米宽、0.2米深的战壕。"（你要注意，仅仅是0.2米深的战壕）我所告诉他们的，就这么多。

然后我会站在仓库的观察孔前，透过玻璃观察他们的行动。

我看到这些候选人在拿到锹和镐之后，把它们放到仓库后面的地面上，休息几分钟之后，他们开始议论起我为什么要他们挖这么浅的战壕。

有人说："0.2米深根本挡不住火炮的进攻。"

其他人说："这样的战壕，刮风、下雨都挡不住。"

他们在那里议论纷纷。

这时，其中一个人对其他人下达了命令："让我们把战壕挖好，然后离开这里吧，至于那个老家伙想用战壕来干什么是他的事，也许他是在故意刁难我们，但是我们能做的就只有这个。"

听到他的话，其他人都沉默了，然后他们纷纷拿起工具，开始行动。就这样，过了一天的时间，这条战壕挖好了。

最后，我选择了这个下达命令的人当了我的助手，因为我必须挑选一个对我的命令坚定执行的人。

正是因为这样的执行力，保证了巴顿将军领导的军队在战争中具有强大的战斗力，取得了卓著的战功。

所以，一定要提高你的团队的执行力，这对团队的成长不可或缺。

### 明确每一位团队成员的职责

明确了责任才能够避免推诿。在执行团队任务的过程中，要明确地指出每一项工作由谁来负责，每一个环节有哪些人来参与，每个人负责的工作要做到怎样的标准，相互之间是如何交接的。清晰的分工是有效执行的前提。明确了分工，行动起来就会更有效率。

### 积极沟通

执行命令并不是说命令下达之后就不再过问，只等着结果的出现。团队的工作大都具有高度的挑战性，并不是一开始设定好了方案，后面就可以自动执行。在执行方案的过程中，需要团队领导者随时与团队成员进行沟通，了解工作进展，发现问题，然后调配资源、布置人力，加以解决。

沟通在团队的执行过程中很重要。实际上，团队的工作是动态的，需要随时把每一个人遇到的问题反馈回来，充分考虑，然后调整行动的方案。如果想一开始就设定一个方案，然后一劳永逸地解决问题，那是难以成功的。

### 选择关键的人，控制关键的岗位

如果你无法抽出太多时间对全部的执行过程加以监控，那么可以在重要岗位上委派一个强有力的、你信任的负责人，在他的现场指挥下，你的决策可以得到很好的实施。应该选择那些热情、有责任心、果断、有实干精神的人作为你的助手，保证你的意图能够得到坚决的贯彻。

### 适当的人员搭配

可以把那些在能力、专长上相互补充，在性格上可以相互接纳的成员搭配到同一个项目团队，让他们之间形成有力的互补。再者，要让团队成员明白“同舟共济”的道理，能够设身处地地从对方的角度考虑问题，相互宽容、尽量配合，保证工作顺利完成。

### 加强对团队任务执行的考评监控

在执行的过程中，要随时检查团队成员的工作情况。对于完成任务及时、成绩突出的成员，要给予表彰和奖励，对于不能及时完成任务的成员，要搞清楚原因，并且提出解决的办法。

概言之，要记住，提高团队的执行力是团队领导者一项重要的任务。有了一个好的方案，方案能否实现，最终还是要看实际的行动。应该合理地配置人员，加强团队沟通，进行有效的监督与激励，提高团队的执行力，从而让团队获得成功。

## 快速成长——学习能力

为了成为一名成功的团队领导者，你还必须拥有强大的学习能力。

你的团队在随时准备应对各种复杂的任务。比如，对于销售团队来说，要面对瞬息万变的市场环境；对于 IT 项目团队来说，要处理复杂、海量的网站数据；对于车间生产团队来说，要应付繁重、精细的车间生产任务……即使你挑选的是各领域最优秀的人员，他们也难以解决所有问题。为了应对这些任务，就必须提高团队的学习能力。

心理学家发现，那些工作效率高、成果显著的团队，并不是一开始就对各种任务了然于胸，相反，它们无一例外地都具有强大的学习能力，能够边学习，边成长，从而顺利地完成任务。

**经典案例：**

微软的创始人比尔·盖茨上大学时选择从哈佛大学法律系退学。很多人都知道他退学的故事，但不知道他退学的原因。

实际上，盖茨在大学里的成绩很好。从大一开始，他就开始自觉主修研究生级别的课程，而且大都取得“优”的成绩。别人不敢选修研究生的经济学理论课程，他也选修了，并在这门课结束时也得到了“优”。但从那时起，他迷上了电脑，把大部分时间都放在计算机课程上，在看到巨大的市场商机之后，他选择了退学，并创立了微软公司。用他的话来说，就是“我再也不能视若不见了——必须在学业和事业之间做出选择”。

但实际上，尽管从大学退学了，但他并没有停止自己学习的步伐。在和保罗·艾伦合伙创立微软公司以后，为了研发出最新的操作系统软件，他和艾伦带领创业团队成员，把精力都放在新软件的开发上。那时还没有成熟的操作系统软件，没有现成的经验可以借鉴，每设计一个操作指令，都要花费大量的心血，查阅大量的资料，进行反复的研究和讨论。盖茨带领着自己的创业团队，以十足的热情去学习这些新知识。每一个人都花大量的时间去查阅与自己工作相关的资料，然后定期讨论，把自己掌握的知识共享出来，加快学习的进度。盖茨还针对每一名团队成员的职责，对他们进行专门的培训，让每一名成员在短期内补充了知识，最终，团队成功开发出了通用操作系统软件“DOS”。此后，在不断的学习与探索中，他们又开发出来“视窗操作系统”。

可以说，强大的学习能力，在很大程度上保证了盖茨的团队走向了成功。

所以，学习能力对于一个团队的成长不可或缺，为了让团队取得成功，提高团队成员的学习能力非常重要。

### 描绘你的愿景

团队的学习不是毫无目的的，而是根据团队的任务来进行的。作为团队领导者，一定要知道团队的目标是什么，时时与你的伙伴一起描绘愿景。

例如，在销售团队里，你可以描述一下今后一段时期内重点发展的客户对象，是青年、中年还是老年？是小区客户，还是商务客户？产品需达到怎样的市场占有率？在 IT 项目团队里，你可以描述一下即将开发的手机软件是什么样的，有着怎样的操作界面，有哪些功能按钮，主要使用对象是谁。在车间生产团队里，你可以描述一下即将生产出一款怎样的产品，它将有怎样的功能和外观设计。

这些描述并不是没有意义的，相反，它可以激起你的伙伴对未来工作的期望与设想，然后他们就会去构思工作的每一个细节，去补充相关的知识，学习的热情就会被激发出来。

### 合理分工

团队里每一个人都有自己的职责。不能期望一个人把所有的事情都做好，每个人的分工不同，需要的知识也不同。例如，在销售团队里，有市场调查、广告设计、价格定位、渠道推广等环节，每一个环节都需要不同的知识。把这些工作交给不同的人来完成，然后由他们根据自己的分工去补充相应知识，这样会更有效率。

### 加强沟通，学会共享

团队是一个分工与协作的整体。每个人均有自己的职责和专长，但是又要把不同的人负责的工作整合起来，使团队就像一台各个零件之间相互默契配合、高效运转的机器，然后才可以实现目标。

这就需要团队成员之间进行充分的沟通，学会共享。每一个人的工作也是团队的工作，每一个人遇到的挑战也是团队遇到的挑战。在一个人遇到困难时，应该召开会议，让每一个成员献计献策，把自己的知识分享出来，把自己的意见提出来，形成解决问题的方案，靠群体的力量解决问题，发挥出“1+1 ＞ 2”的效果。

总而言之，要记住，要成为一个优秀的团队领导者，你必须提高团队成员的学习能力，合理分工，让每一个成员不断地补充专业知识，加深知识储备。

# 第二章

## 常见的团队领导类型有哪些

## 事必躬亲——教练型团队领导

**经典案例：**

张强是一个视频直播网站开发团队中的一员。这个网站是给一些“草根”明星提供直播的网络平台，播放歌曲、乐器演奏、脱口秀等才艺表演，然后观众与他们互动、点播，根据他们的表现打赏，赠以红包。他的团队里有六名成员。

张强以前在两家软件公司工作过，参与开发过数款视频播放类的软件，积累了丰富的项目经验。这一次，公司正是看中了他的经验，所以用高薪把他聘来，希望他能够承担起这个网站开发的领导工作。

张强也不负众望，到公司以后，他招兵买马，聘用了一些技术能力很强的人，组建了团队，很快投入工作当中。

张强是一个认真仔细的人，为了能够更好地完成开发工作，他投入了极大的热情，可以说事无巨细，事必躬亲。比如，对于网站界面的设计，他要亲自提出在布局方面的意见；对于直播主持人的服装、道具，他也给出自己的见解；对于观众互动系统，他要对观众打赏的数额、红包的名称、图案、伴随着的声音都提出意见。

他很擅长沟通，团队成员的经验远不如他的丰富，每当遇到问题，他都及时出现，参与分析，手把手地把经验告诉他们，带领大家一起把问题解决。

他尽可能地参与团队工作，拿出自己从前的经验，为团队成员提供详细的指导，力争做到完美。团队成员都觉得他是一个经验丰富、能力出众、有责任心的团队领导。

不过，一段时间之后，张强发现自己陷入一个困境：因为管理得太细，几乎要参与每一项工作。他每天都要花费大量的时间在一些细节上，从早忙到晚，几乎没有时间考虑团队的整体方案。团队的成员也都十分依赖他，不管有什么问题，都要征询他的意见，才进行下一步。他每天忙忙碌碌，陷在一些琐事中无法摆脱，十分疲惫。

教练型团队领导是一种十分常见的团队领导类型。

这种类型的领导，大都在一线长期工作过，积累了扎实的技术能力和丰富的经验，对于团队的工作十分熟悉，可以说是技术方面的专家。不管遇到什么问题，他们总能给出有价值的建议，对于团队工作的每一个细节，都能够做到了如指掌。

同时，他们比较具有亲和力，擅长沟通，懂得协作，知道如何与团队伙伴交流，在他们遇到困难时，积极给予帮助，用自己丰富的经验加以解决。

在成为团队领导之后，他们毫不吝啬地把自己的技术经验奉献出来，就好像热情的教练一样，又像是长辈，细致耐心地关注、指导每一个细节。言传身教，秉节持重，团队成员不管有什么问题找到他们，总能得到热情的回应，在问题发生时，他们总能及时出现在第一线，就好像一个“排险专家”。

教练型团队领导一般都性格沉稳，有长者风范，务实、踏实肯干，在乎工作的每一个具体环节，充分考虑到工作中可能遇到的困难，及时提供帮助。他们擅长沟通，能够清晰表达自己的意见，告诉团队成员们自己的意图是什么，该怎样去做；耐心，细致；在批评团队成员时，有理有据，语重心长；宽宏大度，能够随时把自己的知识、经验、意见分享出来，给团队成员提供充分的指导，做到尽善尽美。

从心理学的角度来讲，教练型团队领导的性格与他们的成长经历有关。在家庭里，他们往往是长子、长女，从小就承担了较多的家庭责任，需要分担家庭的忧愁，处理较多的事情，这使他们遇事顾全大局，考虑周全；有理解力，知道每一个人的难处；像一个长辈、大哥哥、大姐姐一样去引导别人，喜欢手把手地教导别人；亲切，和蔼，能够赢得团队成员的尊重。

在团队中，教练型团队领导每天给团队成员布置任务，进行培训，教他们完成任务的方法，在他们遇到困难时给予激励并提供帮助；努力营造团队的和谐氛围，让成员有家的感觉，充满激情、快乐地工作；对团队成员亦是有爱、有严，也有深深的期待，希望他们能在工作中成长起来，能够独当一面。

但是，也应该注意，教练型团队领导也存在一些问题，如前面的案例中那位团队负责人，他在工作中存在什么问题？

实际上，他虽然对工作认真负责，无私地分享自己的经验，指导团队成员工作，但是，他事必躬亲，无论工作的大小，都全力参与，结果使自己陷入太多细节中，无法抽出身来考虑团队的整体工作规划，导致对整体掌握不足，甚至出现工作失衡，进度无法保证等情况。

可以说，教练型团队领导，是团队工作坚定的指导者，但未必是有力的策划者，他们虽然能够提出有价值的建议，但是对团队整体规划常常不够充分。工作经验只限于自己熟悉的领域，一旦情况发生变化，可能会出现应对乏力的情况。这都是因为他们过于依赖于自己从前的经验去指导团队，缺乏长远的考虑。

那么，教练型团队领导应该注重从哪些方面调整自己呢？

## 摆脱细节

教练型团队领导的一个典型特点是陷入细节中，在细节上往往把握得很好，但是对整体工作控制不够，进度无法掌控，团队成员间的工作不够协调。

所以，教练型团队领导应该学会摆脱细节，加强对团队的整体规划控制。

要对团队的整体工作有一个通盘的考虑，避免使自己陷入细节中，无法摆脱。

### 加强分工

教练型团队领导往往过于依赖个人的经验去解决问题，把他的团队成员都看成孩子，希望手把手地培养他们，团队成员则可能出现职责不清、独立性不够的情况。这样无助于提高工作效率。应该为每一个团队成员分配明确的任务。例如，在销售团队里，有市场调查、广告设计、价格定位、渠道推广等不同环节，让每一个环节都由不同的人来负责，就会便于分工与协作，避免责任不清和相互推诿的情况发生。

### 学会授权

教练型团队领导，也大都是缺乏授权意识的领导。要注意，在团队里，你不可能不管事情大小，每一件事都要过问，适当授权是必要的。可以为每一名团队成员明确分工，规定他们的职责，同时，选择几位得力的助手，把你一时无暇顾及的事情交给他们来处理，既可以减少自己的工作量，又可以提高效率，还可以让自己从琐事中摆脱出来，去考虑一些团队的整体规划，所以，学会授权十分必要。

概言之，要记住，教练型团队领导，要学会分工、适当授权，从烦琐的工作细节中摆脱出来，加强对团队的整体掌控，把握团队的目标，这样才能够控制整体工作进展，带领团队走向成功。

## 驾驭人际关系——和谐型团队领导

**经典案例：**

吴宇是一家家用电器制造企业的市场销售团队的负责人。公司主要从事电饭锅、电磁炉、家用空气净化器等小家电的制造和销售业务。

他是去年才调到这个团队的，此前，他一直在另外一家同类型公司从事销售工作，销售业绩还不错。

因为是刚到公司，各方面还不是很熟悉。刚到公司，他就把工作的重心放在熟悉团队成员、构建和谐的上下级关系上。他找到每一个团队成员谈心，了解他们在团队中的职责和从前的业绩，同时大方地介绍自己，希望能够和团队成员们团结一致，共同取得良好业绩。

他还积极与上级沟通，主动找到他们，向他们介绍自己从前的工作经验，表达了自己要在公司里做出好成绩的决心。

随后，他又积极开展社交活动。

公司里有一些社团活动，如体育比赛，他都积极报名参加；每到节日的晚会，他都亲自上台，参加游戏；团队成员一起K歌时，他也总能高歌一曲，献出自己拿手的曲目，唱得很完美。

工作中，他很少坐在自己的办公室里，每天亲自到团队成员的办公桌前，与他们进行热情的沟通，了解他们的工作情况。

如果有团队成员生病了，他也会主动关心他们，提醒他们注意身体，还会告诉他们一些养生的小技巧。

有时工作需要加班，同事们晚上会一起聚餐，这时他总是抢着埋单，并说：“因为我是领导，所以应该我来埋单。”

经过这样的过程，团队成员们和公司的上级都觉得吴宇是一个热情、友好的人，与他相处得十分融洽。

但是随着时间的推移，大家发现，虽然吴宇人很热情，擅长沟通，但是也存在一些问题。

比如，他对团队工作的参与度不够。

他在团队中找到了几个信任的人，与他们建立了亲密的关系，把一些重要的任务交给他们，特别依赖他们来开展工作。而自己对团队的工作参与不多，很少提出有价值的建议。

在一些关键的问题上，他也明显缺乏决策力。团队有时会为一个营销方案争论得很激烈，大家希望他能够提供一些有价值的意见，做出决策，但每到这时，他总是给出这样的说法：“这个问题你们都说得很好，请你们再讨论一下，形成一份方案交给我。”这样就难以给团队提供有价值的建议。

时间久了，大家都觉得他是一个热情、友善，但缺乏决策力的团队领导。

和谐型团队领导是一种常见的团队领导类型。

这种类型的领导，在大多数情况下都是“和平的使者”。他们性格温和，态度随和；在别人眼里，他们没有架子，很容易相处；他们很容易了解别人，对别人的情绪变化十分敏感，在发现团队关系出现紧张时，总能够及时调解，从而达到消除紧张、减少矛盾的目的。

他们擅长处理人际关系，总能发现成员的需求，如能够轻易地发现你的心情不佳，需要安慰；知道你很孤独，希望有人可以聊天；或者知道你正怒气冲冲，需要释放一下。因为具有这种观察能力，他们能够消除你内心的不快。他们喜欢聊天，总能找到合适的话题，很快与你谈到一起，如与男性谈比赛、驾车、装修，与女性谈服装、美食、购物，等等。与他们在一起，你会觉得很舒适，有一种很开心的感觉。

他们人缘很好，很受欢迎，常常被别人认为是“好朋友”“可以信赖的伙伴”“知心朋友”或“俱乐部主席”。

从心理学的角度来讲，和谐型团队领导大都成长在比较动荡的环境，他们成长的家庭可能不够和睦，父母的矛盾比较多，经常有争吵，相互之间缺乏谅解。他们在这样的环境里长大，有较强的不安全感。在长大以后，特别在乎人际相处中的和谐，对别人的情绪变化十分敏感。每当发现对方有心情不快时，就会尽快想办法去安抚对方，让对方消解敌意，达到与之和平共处的目标。

和谐型团队领导是人际关系的高手，他们通情达理，充满人文关怀，与他们在一起，你有一种被温暖、被关怀的感觉。

但是也需要注意，和谐型团队领导虽然擅长构建融洽的人际关系，但对于团队来说，仅有良好的人际关系还不够。

和谐型团队领导对工作的关注度不够。因为害怕矛盾，他们会刻意回避工作中的矛盾。每当矛盾发生时，他们会选择息事宁人，尤其是当团队出现意见分歧时，他们会表现得犹豫、矛盾，不够坚决果断，不知道该站到哪一边。

这种类型的领导过于依赖通过良好的人际关系来推动工作，会与团队成员成为密友，然后对他们说：“你看，我们都是好朋友了，你总得把这件工作做好吧。”他们把良好的人际关系当成推动工作的力量，虽然时常会有效，但也会遇到问题难以解决的时候。

在团队里，他们往往有几个十分信任的密友，把一些重要的职责委派给他们，通过他们来推动工作的进展。但这样做，也使得自己没有深入团队工作，在工作上和大家隔离开来。虽然这样的领导对团队成员的关心无微不至，但是在工作上往往难以提出有价值的建议。

和谐型团队领导，可以从以下方面去改进自己的管理。

## 提高自信心

和谐型团队领导者，因为有一种不安全感在内心起作用，所以把管理的重点全都放在建立和谐的人际关系上，希望团队保持亲密的氛围。但对于团队来说，只有融洽的人际关系还远远不够。

和谐型团队领导应该提升自己的自信心，相信自己可以成为一个坚定、果敢的领导者，敢于下达命令，给团队成员以明确的指示。如果团队成员做得不够好，应该指出他们的问题，责令他们改正，这样才能够带领团队高质量地完成工作。

## 提高决策能力

和谐型团队领导，在团队出现分歧时，往往表现得优柔寡断，缺乏决断力，在一些重大问题上犹豫不决，难以下定决心。因为他们害怕自己的决策会破坏团队的氛围。但是要明白一点，作为团队的领导者，在一些关键的问题上，是一定要下决断的。

要提高自己的决策能力，落实设计团队的行动方案。还要充分研究团队的工作特点，做出最恰当的选择。

当拥有了优秀的决策能力时，你就不会再只依赖于人际关系来开展自己的工作，而是从团队工作进程的角度去进行指挥管理。这无疑是最正确的做法。

## 提升执行力

在和谐型团队领导的团队里，往往有这样一种情况：大家都把工作的重心放在人际关系上，缺少对工作的关注。结果就是团队中的人际关系很融洽，但是团队执行力不足。

这时应该转移目标，提高执行力，要求团队成员严格执行既定方案，提高工作效率，实现团队的目标。

### 关注团队的工作

和谐型团队领导，自己大都不缺乏扎实的专业知识，但由于工作重心放在人际关系上，没有把这些专业知识应用在团队工作中。在工作中，和谐型团队领导应该深入参与团队工作的每一个细节，与团队成员积极沟通讨论，把自己的专业技能发挥出来，做到从工作的层面去指挥团队。

概言之，和谐型团队领导要注意，团队不能只有融洽的人际关系，要提高自己的自信心，敢于决策，加强对团队工作的参与和管理，提高执行力，这样团队才能在你的带领下走向成功。

## 深谋远虑——远见型团队领导

**经典案例：**

张祥是一家手机销售公司的经理。公司主要经营各种品牌的流行、时尚手机，通过门店、网络渠道销售给客户。

张祥毕业于市场调研专业，对手机市场有着独到的理解。每引进一款新型手机时，他都会仔细研究这款手机的外观设计是怎样的，是传统还是现代，是精致小巧还是厚重大气；手机功能适用于怎样的客户，是中年客户还是青年客户，是家庭主妇还是职场女士；是主要用于上网聊天，还是用于玩游戏；手机的价格定位是怎样的，是低端、中端还是高端；等等。

在精心研究之后，他领导团队成员有针对性地展开营销，取得了很好的销售成绩。

他有着敏锐的市场嗅觉，每引进一款新型号的手机，总能准确地发现它的潜在客户，找到最适合它的使用对象，然后开展针对性的营销，最终取得很好的销售成绩。

在生活中，张祥很擅长沟通表达。在团队就一个营销方案进行讨论时，他总是耐心倾听，在大家争执不下时，他总能给出一个有建设性的建议，让大家感到非常有收获。

大家都觉得他是一个很有远见的人。

但是大家发现张祥也有一个缺点：他虽然往往能够语惊四座，说出一些别人想不到的点子，对手机销售有着独到的理解，但是，他的规划能力并不强。比如，当推出一款新手机时，他在广告设计、宣传用语上，往往无法给出清晰的建议；在包装设计上，无法给出具体的方案；在价格定位上，往往也无法给出最合理的定价。

大家都觉得他虽然富有远见，但是行动能力不强。

在团队中时常可以看到这样一种领导，他们对团队工作有着独到的理解，知道团队的目标是什么，总是在第一时间发现团队的工作重点，时刻把握团队的努力方向。遇事提前思考、深谋远虑，给人一种高瞻远瞩的感觉。这就是远见型的团队领导。

远见型团队领导大都思维活跃，反应极快，他们热切地向团队成员兜售自己的想法，无时无刻不想把自己的意见传递给别人，希望别人马上就能接受自己的意见。同时情感外露，热情奔放。

远见型的团队领导大都有着丰富的工作经验，做事有长远目标。他们性格谨慎，思维缜密，考虑周全；有直觉能力，往往能够在别人还没意识到时，已经得出结论。在销售团队里，他们对于市场的变化十分敏感，知道市场上最需要什么。

但是，远见型团队领导也有一个明显的缺点，那就是虽然目标明确，但是行动力不足。

他们虽然对于团队工作有着独到的理解，但是大都停留在意向的层面，没有把想法变成清晰的方案。他们反复权衡结果的得失，但对于过程考虑得不够仔细，缺乏说服别人的能力。

他们总是急于说服别人接受自己，滔滔不绝把自己的观点一股脑儿地说出来，希望别人在短时间内接受，却不管他们是否能够理解，结果是“欲速则不达”，把别人弄得一头雾水。

尽管远见型团队领导有着超强的直觉能力，但缺乏把自己的意图清晰地表达出来的能力。结果是想法无法变成现实，机会白白溜走。

远见型团队领导可以从以下几个方面改变自己。

## 让自己的表达更清晰

远见型团队领导的一个典型特征是，虽然对团队工作有着独到的见解，但大都停留在直觉层面，没有形成清晰的方案。导致无法有效地指导团队工作。因此，应该首先提高自己的沟通表达能力，可以提高自己话语的条理性和逻辑性。说话越是有条理，就越是容易让人理解。比如，在一个销售团队里，你正在准备销售一款新型号的手机。那么，你的营销方案分为几个部分？目标客户是谁？要用怎样的包装、宣传语去打动他们？用怎样的价格才能让他们接受？以哪些渠道对他们进行推广，才能够增加购买的机会……对工作的每一个部分进行仔细构想，把它们写出来，反复思考，看它们是否合理，然后你的思维就会变得连贯、富有逻辑性，表达就会变得有条理。按部就班地去向别人表达，就很容易被接受。

## 保持耐心

远见型团队领导往往会有“曲高和寡”的感觉。因为他们的想法比别人超前很多，所以当他们说出来时，别人可能还没有意识到。结果让人觉得：“你的想法好奇怪。”

遇到这种情况，要有耐心，不要急于说服别人。内心有着丰富的设想，但是在表达的时候太过着急，结果话说了很多，却表达不清，让别人一头雾水。还有一些是因为话语太少而让别人误解，惜字如金，总以为简短的话就可以达到让别人理解的目的，但因为有效信息太少，别人根本无法理解。

应该有条不紊地、一条一条地去展开。把你的思路厘清了，先在内心形成清晰的想法，再表达，就会容易很多。

## 提高自己的计划能力

远见型团队领导，虽然有着敏锐的市场嗅觉和工作能力，但是缺乏把它们变成行动方案的意识。这时应该提升自己做计划的能力。例如，在一个 IT 项目团队中，你正在领导着团队编制一款共享单车的软件，那么这个软件应该有怎样的界面？有哪些功能按钮（如租车、路线管理、付费功能等）？每一部分的工作由哪些人来负责，这些不同工作的前后次序是怎样的？先做哪些，后做哪些？不同的工作环节之间怎样衔接？每部分工作的完成时间安排是怎样的……把这些列在纸面上，写在电脑里，就变成一份行动计划。“万丈高楼平地起”，盖一座大楼，需要从基础开始，一步一步去实现，有了计划，你的目标就不再是空中楼阁，而是可以一步一步变成现实。

## 加强与团队成员的互动

远见型团队领导，并不缺乏对工作的深刻理解，但是因为缺少有效的沟通手段，导致与团队成员的交流不足。虽然有好的意图，但是无法让他们理解和掌握。

建议这类领导平时加强与团队成员的互动。团队成员不可能一下子就对一个工作方案形成共识，都会有一个相互磨合的过程。加强沟通，可以让团队成员之间协调一致。

概言之，要记住，对于团队工作而言，不能只有一个庞大的设想，更要有现实的工作计划，通过良好的沟通把你的意图清晰地传递给伙伴，让他们知道你在想什么，你的期望是什么，然后制订周密的行动方案，你的目标就会变成现实，带领团队走向成功。

# 发挥下属能动性——民主型团队领导

**经典案例：**

李绅是一家灯具制造公司的设计与生产团队的负责人，公司主要生产面向家庭用户的吸顶灯、吊灯、壁灯、台灯等。

家庭装修市场比较繁荣，灯具的需求量很大，公司的业务量一直在上升。但是，同类生产企业也很多，互相之间形成了很强的竞争。这就要求公司不断推出更漂亮、更多样式的灯具。这就给李绅所在的团队提出了很高的要求。他们必须紧跟着客户的需求，设计出他们喜爱的灯具，同时还必须保证生产出来的产品具有很高的质量，这样才能够在同类产品中具有竞争力。

李绅对于灯具的设计与生产有着丰富的经验，经他设计和生产的灯具已经有十余种。但是，面对竞争越来越激烈的市场，他也逐渐感到有些力不从心。于是他扩充了自己的团队，招聘了一些新人，这些新人大都刚刚走出校门，非常有活力，李绅相信这些新人能够给团队带来新的创意。

在团队的管理中，李绅采取的是民主式的管理方式。当他决定设计一款新的吸顶灯时，他会把自己的团队召集在一个会议室里，开会讨论。他要求团队成员们各抒己见，对这款吸顶灯的样式、尺寸大小、花纹、光照强度进行头脑风暴。每当进行头脑风暴时，团队成员们都很兴奋，他们尽可能地想象如果自己是客户的话，会对这款吸顶灯有着怎样的要求。在头脑风暴之后，再形成一个共识。

在李绅的管理下，大家都觉得很自由，每个人都能够畅所欲言。每次的讨论都很热烈，并且能形成一些良好的设计创意。

通过这种管理方式，李绅所在的团队设计出了数款市场反应良好的灯具。

但是，这种管理方式也存在着一些问题。

例如，最近在对一款吊灯的讨论中，团队成员因为一个细节争执不下。一部分团队成员认为，现在的装修客户喜欢欧式风格灯具，应该把吊灯设计成欧式的样式；另外一些团队成员则认为，现在很多人都倾向选择体现传统艺术的灯具，应该把它设计成中式风格。

双方因为这个问题连续开了好几天的会，仍然争执不下，李绅听到他们的激烈争论，觉得双方都有道理，自己也拿不定主意。结果，这款灯具错过了上市的最佳时机。

民主型团队领导，是现在一种很流行的团队领导类型。人们渐渐地意识到，如果想让团队发挥出最大的效能，最好的办法就是尊重每一位团队成员，给他们以宽松、自由的氛围，让他们自主地工作。

很多团队领导者都采取这种管理方式。在团队里，他们努力营造一种平等、宽松的气氛，鼓励团队成员们主动思考，积极探索。遇到问题时，他们会与成员们一起讨论，集思广益，然后再进行决策，力争团队成员上下融合，达成一致，然后再开展工作。

民主型团队领导大都具有很强的沟通能力，他们性格温和，心态开放，尊重他人，不介意别人的批评，会认真听取团队成员的意见。这些领导很少自己单独做出一个决定，制定的决策大都是自己与团队成员共同智慧的结晶。

在团队会议里，他们保持一种自然、宽容的态度，让每一位团队成员自由发言，鼓励成员各抒己见，进行热烈的讨论。在分配工作时，他们尽量考虑到每一位团队成员的能力、兴趣和爱好，为他们分配最适合自己的工作。同时，对成员的工作不做具体的指派，因为他们相信，让成员们自主选择，才能够取得最好的工作效果。

他们在与团队成员沟通时，多使用商量的口气，使用激励性的话语，如：

“你做得很好。”

“不错的想法。”

“你说的这些很有价值。”

……

他们积极参加团队活动，把自己当成团队中平常的一员，尽量拉近与成员间的距离。因为这种努力，他们能够营造宽松的工作氛围，团队成员的活力、工作热情很容易被释放出来，往往能够取得良好的效果。

从心理学的角度来讲，民主型团队领导大都成长在比较宽松的家庭氛围里，父母之间关系比较融洽，凡是与孩子有关的决定，会征求孩子的意见，这样他们从小就知道要相互尊重、相互协商的道理。

但是，也要注意一点，诚如在前面的案例中所说，民主型团队领导也存在一些问题。

因为在意团队讨论的氛围，可能会导致在出现分歧时，争论不休，无法达成一致意见。最让人头疼的是无休止地开会，一遍又一遍地交换看法，但是还是不能消除分歧。只能寄希望于更多的会议。每到此时，民主型团队领导都难以做出决策，使大家陷入一种突然失去方向的状态，团队工作也会受到影响。

民主型团队领导可以从以下几个方面去调整自己。

## 提高个人的决策能力

这种类型的团队领导，本意是想让每一个人积极地参与团队进程，发挥出自己的创造力。但是因为氛围过于宽松，可能出现各执一词、无法达成一致意见的情况。这时，民主型团队领导就必须提高自己的决策能力。因为作为团队的领导，在一些重大的问题上，最终还是需要由你来决定。

在团队成员之间争论不休时，你可能也会感到困惑。那么，怎样才能做出一个好的决策呢？

你必须充分收集信息。例如，在一个销售团队里，你负责的商品目前销量下降，那么问题出在哪里？是目标用户定位得不够准确？是价格定得不够合理？是广告宣传设计得不够新颖、不够有吸引力？还是推广的渠道选择并不恰当？

充分收集信息，进行诊断，然后你就能发现问题出在哪里，下一步也自然就知道了行动的方向。比如，可以重新定位目标客户、设计价格，改变宣传广告的风格，考虑更合适的推广渠道……通过这样的改进，你也就做出了一个好的方案。

在团队工作出现问题又争执不下时，可以进行头脑风暴，让团队成员把所有的问题都列出来，然后重新考虑行动方案，重新制订工作计划，从而起到改进工作的作用，也避免了无休止的争论。

### 从具体的工作入手

在民主型的团队里，可能会出现团队成员之间各抒己见，但意见大都是空泛的议论、没有价值的高谈阔论的情况。这时，团队领导者应该站出来，把讨论的方向引到具体的问题上来。

比如，在一个网站设计团队中，团队成员正在讨论一个购物网站怎样设计。每个人都在发表自己的见解，有的人提到经营品种，有的人提到广告链接的位置、样式，有的人谈到编程的技术问题……一时之间，各执一词，虽然讨论得很热烈，但是也很空泛，缺乏目的性。这样的会议很难取得有价值的成果。

这时，作为团队领导者的你，应该站出来，把问题引到一些重要的问题上来，比如，销售的商品在网页上怎样布局。因为客户在打开一个网站时，最先看到的就是网页的布局，如果它设计得有吸引力，客户就会有兴趣继续看下去。把讨论的重心引到一些关键的问题上来，从关键问题入手，再延展开来，比毫无边际地讨论更有效果。

### 明确分工职责

民主型团队领导，有时会过于在意每一个人的自由空间，认为给团队成员减少限制，他们就能够发挥出自己的潜能。因此刻意模糊每一个人的分工，让成员们自主思考，主动工作。但实际上这可能导致团队的分工不明确，出现推脱责任的情况。民主型团队领导应该让团队分工明确，确立每一个人的责任，在此基础之上，再进行民主的沟通，可以起到更好的效果。

总之，要记住，对于民主型团队领导来说，他们不仅要制造宽松、自由的工作氛围，还应该提高自身的决策能力，在团队无法形成一致意见时，果断做出决定，确立目标，制订方案，引领团队向目标迈进。

## 发号施令——命令型团队领导

**经典案例：**

赵凯是一家网站制作团队的负责人。团队最近正在开发一个体育用品销售网站，主要销售各种品牌的运动服装、运动鞋和体育器材。

赵凯有着丰富的网站开发经验，参与过数个购物网站的开发工作，在这几次开发中，他提升了自己的技术能力，对开发的过程有着深入的了解。也正因如此，他被公司看中，通过人力资源部门挖过来担当了网站开发团队的负责人。在组建团队时，另有6名技术人员也同时加入了团队。

为了开发这个购物网站，赵凯做了精心的准备，做出了很详尽的计划。

团队工作开始以后，赵凯投入了很大的热情，为每一名团队成员指派了详细的工作，要求他们严格按照自己的计划来执行。他的计划制订得很详细，团队成员在执行的时候只要照着做就可以了，一开始，工作进行得很顺利。

他每天都要召开例会，在简短地听完每一名成员汇报工作情况之后，给出自己的要求，布置下一步的行动方案。

在出现问题时，赵凯是非常果断的，他凭着自己丰富的经验，很快给出处理的方案，要团队成员照着去做。

大家都觉得他考虑周全、坚决、果断，很有能力，都愿意听从他的指挥。团队工作进展得也比较顺利。

但是随着开发工作的深入，问题渐渐浮出水面，有许多工作是一开始没有想到的，如在设计首页的布局时，赵凯一开始的设想是，应该按商品的分类，如运动服装、运动鞋、体育器材进行布局，看上去简洁、一目了然。但有的团队成员认为，应该把商品按销售的热度进行排序，把销量大的排在靠前的位置，这样会促进销售。

赵凯的一些初始的设想在这时显得太过粗糙，一些细节问题无法处理，团队成员们感到计划无法继续进行。

团队成员反映，赵凯的管理过于简单，对团队成员的意见考虑得比较少，大家都觉得自己的设想没有得到尊重和采纳，这在一定程度上影响了团队的氛围。

命令型团队领导是一种常见的团队领导类型。

这种类型的团队领导大都经验丰富，性格坚定，能力突出，对团队工作有着深刻的理解，了解每一个工作的细节。

他们不喜欢无休止的讨论，认为那样会浪费时间；他们喜欢给出指示，习惯给出明确的行动方案，要求成员们照着去做；他们遇到不同意见时，他们大都不太有耐心听别人把话说完，就说出自己的意见；他们要求成员执行自己的命令。

命令型团队领导的性格大都是自信、果断的，他们清楚地知道自己的目标是什么。比如，在一个销售团队里，他们知道自己近期的销售额要达到多高；在 IT 项目团队里，他们知道团队要开发一种具有怎样功能的软件，能够满足使用者怎样的需求；在车间生产团队里，他们知道要生产出怎样的产品，生产流程是什么。

他们目标明确，富有号召力，喜欢向团队成员描绘愿景，不断告诉团队成员将会取得怎样的成就，鼓励成员一起奋斗。

他们擅长组织，能够为自己的工作做出精心的规划，选择最合适的人选来承担相应的工作；他们能为每一个人做出十分明确的分工，并且指出："你把这部分工作完成好即可，这就是你的职责。"在命令型团队领导的团队里，大家工作通常很有效率，一旦他们决定了什么，命令可以很快得到执行。

他们像指挥部队作战一样，坚定地指挥着每一个成员的行动，又像是在控制着一台精密运转的机器，让每一个人像零件一样运转，整合起来就变得非常有效率。

他们擅长激励员工，常常能够说出十分富有激情的话语，如：

"我们一定会把这个工作完成。"

"我们会做好的。"

"我们的目标一定会实现。"

让团队成员感到士气受到鼓舞。

他们也能够提供合理的物质报酬，激励那些恪守职责，能够出色完成任务的人。

但是也应该看到，命令型团队领导也存在着一些问题。

他们只擅长指挥自己有着丰富经验的领域。在这些领域里，他们就好像驾驶着一辆汽车，熟练地行驶在自己熟悉的道路上。但一旦工作的范围超出了自己的经验，他们就会感到陌生，指挥也会变得失效。

他们只关心团队成员的工作表现，他们是否完成了任务，但并不关心他们遇到了怎样的困难。就好像一位指挥官，只关心自己的士兵是否攻占了敌方的阵地，却并不关心他们是否受到阻击，是否有伤病的困扰。

他们也喜欢开会，但大都是在走形式，因为内心里已经有了行动的方案。在会议上，他们虽然好像在倾听成员们的讨论，但实际上并没有往心里去，只是在等他们把话说完，然后宣布自己的方案。

从心理学的角度来讲，命令型团队领导可能成长在一个比较专制的环境里，父母对他们的成长喜欢提出一些硬性的要求，如：

“你必须按我说的去做。”

“这个要求你不能改变。”

以武断的方式要他们遵守，但不太考虑他们的心理需求，使他们会形成一种对抗的心理：以命令对抗命令。

命令型团队领导可以做一些调整，以便更好地处理团队的工作。

### 调整决策的风格

命令型团队领导大都有着超强的能力和丰富的经验，有着高度的自信心，相信自己的决策是正确的。这在许多情况下确实有效，能够代替团队做出决定。

但要注意一点，团队面对的往往是具有高度挑战性的任务，即使一个人的能力再强，经验再丰富，也难以应对所有的工作。团队是由各种经验背景不同、能力特长相异的人组成的，如果能把这些人的知识经验整合在一起，势必会形成一个强大的整体，可以产生更高的工作效率，处理更复杂的问题。

所以，命令型团队领导可以适当地改变自己的决策风格。他们应该多听取团队的意见，多召开团队会议，鼓励团队成员之间相互讨论，倾听他们的意见是否合理，然后把这些意见整合到自己的设想当中来，形成一个更合理的方案。

### 增加团队的沟通

命令型团队领导虽然工作能力很强，团队有着很高的执行力，但是，在这种高压的环境下，团队成员往往缺乏工作的主动性，因为他们会感到自己的每一步行动都有人指挥，不愿意再做更多的思考。同时，这也造成了团队成员之间的隔离，因为领导者已经给他们指派了明确的任务，不必考虑太多。他们也不愿意做更多的沟通。

在团队会议上，他们可能会认为：“反正我的意见也不会被采纳。”

所以选择沉默，或者说一些无关痛痒的话。这样，团队的氛围就会受到影响，出现推脱责任、凝聚力不够的情况。

这时，就要加强团队的沟通。要知道，团队是一个高度分工与协作的整体，只有成员彼此之间紧密配合，拿出自己的知识、经验，相互交流，才能够使团队由一盘散沙变成一个强大的整体，发挥出“1+1 ＞ 2”的效应。

### 关心你的团队成员

命令型团队领导往往只在乎工作完成的情况。如果团队成员完成了任务，他们会很满意，给出丰厚的奖励，如果没有完成，他们可能会很愤怒，给出严厉的惩罚。他们很少在乎成员们完成工作的过程，也不太关心成员们的心理感受，对他们在生活中的烦恼几乎一无所知。成员们会认为自己只是领导用来完成任务的工具。

所以，应该学会关心你的团队成员。他们工作进行得是否顺利？是否遇到困难？是否需要调动团队的力量进行充分讨论，给予支持？他们本人是否有生活中的烦恼，需要有人宽慰？

……

概言之，命令型团队领导要记住，不能只依赖于一个人的能力进行决策，只要求团队成员们执行。要让团队成员充分讨论，献计献策，形成更加合理的行动方案，发挥出每一个人的潜能，团队才有可能走向成功。

## 重在说服——理智型团队领导

**经典案例：**

孟郡是一家广告公司的部门经理，她的团队主要负责布置在公交候车亭、地铁候车大厅的广告制作。她的团队里有5名成员。

孟郡毕业于美术专业，有着扎实的专业功底，经她设计出来的广告，外观大方、醒目、美观，让人印象深刻，客户大都十分满意。

孟郡是一个严谨认真的人，她的团队里的成员都是年轻人，工作经验远不如她丰富。为了能够让团队工作富有效率，在领导团队的时候，她采取了十分严格的管理方式。

她为团队成员制定了严格的管理制度，如规定每天必须准时上班，不许迟到，如果迟到就会罚款；工作时间不能大声说话，不能随意走动；广告方案必须以特定的格式来写，不允许自由发挥；办公桌面不能摆放个性化的东西，如家人的照片。如果成员们的工作完成得很好，她会根据每一个人的贡献给出奖励，如果做得不到位，她会马上给出严厉的批评，要他们改正。

在工作内容上，她也做出了严格的管理。每一次制作广告时，她都要对广告的图案、色彩、大小、风格进行仔细的分析，对每一个细节反复推敲。如果她认为广告没有达到她的标准，就会要求团队成员反复修改，直到她满意为止。

孟郡对工作是十分认真的，只要是她认定的方案，除非别人拿出更有说服力的理由，否则很难说服她。在每一次团队讨论时，她都会精心准备文案，让自己的发言条理清晰。在发言时，她总是有理有据，力争在道理上说服别人。当她的意见与其他人出现分歧时，最终结局往往是以她取胜而告终。

在生活中，孟郡也是很严肃的。她性格比较严谨，不爱说笑。与团队成员在一起时，大都只谈工作上的问题。在工作中的休息时间，团队成员都在聊天、放松，她也很少参与。成员们对她都有一种敬畏的感觉。

因为这种严谨而又认真的管理，孟郡的团队是富有成效的。在公司里，利润额一直处于前列，客户的满意度也最高。

但是团队成员们却觉得，虽然这样工作很有效率，但团队的气氛很沉闷。在开会的时候，大家都不敢随便发表意见，不愿意说出自己的创意。广告设计实际上是一个需要创意的行业，需要不同的人来出谋划策，而“一言堂”在一定程度影响了团队的成长。

理智型团队领导是一种常见的团队领导类型。

这种类型的领导最大的特点是认真、仔细，工作优先。为了完成工作，他们会制定详细、周密的管理制度，希望工作中遇到的每一个问题，都能够有据可依。他们总是试图以充足的理由去说服别人，使他们听从自己的判断。

他们沉着、冷静，富有逻辑性，以理智衡量一切。当出现问题时，他们绝不慌张，总是能够在第一时间回到问题上来，带领团队分析得失，重新规划方案。

他们会以现实的眼光看待问题，绝不冲动，不感情用事；喜欢思考，深思熟虑，稳健慎重。他们做事有条不紊，一丝不苟；善于控制自己，绝不放纵。他们对团对工作有自己独到的见解；有耐心，有毅力。

他们知识丰富，分析力强，擅长学习，喜欢运用自己的智慧和理论去驾驭他人。当与别人发生分歧时，他们很少冲动，而是一条一条地说出自己的理由，直到让对方诚服。

但也应该注意到，这种类型的领导缺点就是因为太过理智而缺乏生活的情趣。与他们在一起，你感受不到激情，只有丝丝入扣的条理，这种条理性有时会让你感到欣喜，但更多的时候会让你感到枯燥乏味。

他们看起来有些压抑，不愿意表达自己，和别人很少有感情上的沟通，甚至有些孤独和冷漠。

他们的兴趣很少，做事只讲原则，缺乏变通；不擅长与别人相处，人际关系较为紧张。他们坚持自己的观点，经常纠缠一些细节问题，不让步，显得固执，不体谅别人。

在理智型团队领导管理的团队里，成员们工作富有效率，每个人都很谨慎，因为他们知道自己的领导是挑剔的，会在意每一个细节。因此力争做到完美。这在一定程度上促进了工作的优化，但也使团队的气氛变得紧张。

从心理学的角度来说，这种类型的团队领导，早年可能没有从父母或长辈那里得到稳定的感情，他们虽然有一个看上去完整的家庭，父母能够满足他们生活的种种需求，给他们以物质生活的满足，但是并没有关注他们的心理感受。家庭中还可能会有冷战的情况发生。这都使他们希望获得对生活的控制感。于是，他们把自己的兴趣转移到了对事情的关注上。他们能够长时间钻研一件事，直到把它弄清，能够一个人独处很久，也不会感到寂寞。这都可能导致他们形成固执、孤僻的性格。

理智型团队领导，可以说是原则有余，但是灵活性不够。那么，他们应该怎样调整自己呢？

## 学会让步

理智型团队领导大多具有丰富的学识、缜密的思维，对于团队工作有着深刻的认识。他们十分富有条理性，在与别人讨论问题时，常常会在不知不觉中就用严密的逻辑使别人陷于被动的境地。与他们交谈的时候，你会发现，最后总是他们有道理。他们是永远都不会让步的，这样势必会影响团队的氛围，使别人失去与你沟通的兴趣。

理智型团队领导还可能出现“钻牛角尖”的情况。他们往往会沉醉于自己构建的严密的逻辑里，深陷在一些小细节中，无法摆脱。例如，可能会与团队成员因为一个小问题争执不下。结果，给人一种固执、不近人情的印象。

所以，这种类型的领导应该学会让步。当出现分歧时，不要一味地坚持自己的想法，反过来多考虑对方的出发点，让对方多说话，从双方共同的角度出发来决定，避免给人一种“油盐不进”的感觉。

### 增加人际交往的范围

理智型团队领导往往因为太在乎原则，不管什么事情都要分出个对错，把原则放在第一位，缺乏缓和的空间，所以可能会导致人际关系紧张。团队成员会觉得他们过于严厉、不近人情，难以沟通，从而影响到团队的合作。

要知道，团队是一个高度分工与协作的整体，团队成员之间不仅有冷冰冰的工作，还有相互的奉献、理解、关怀。只靠坚持原则，是无法驾驭一个高度灵活的团队的。

所以，这种类型的团队领导应该增加人际交往的范围。比如，多参与团队的活动。团队成员有聚餐、晚会、出游、K 歌等活动时，应该积极参与，展现自己。在 K 歌时献上一首歌，可以增进与成员们的了解，加深感情。还要注意提升自己的沟通能力。在团队开会时，应该鼓励团队成员自由讨论，让他们进行头脑风暴，表达自己的见解。等他们发言之后再说出自己的观点，不要一上来就急于反驳、否定别人。当然，理智型团队领导还可以在生活中多关心别人，如当团队成员生病时，询问一下病情，团队加班时，对他们说一些鼓励的话语。这些都可以改善人际交往，让你的团队更有人情味。

### 增加自己的生活乐趣

理智型团队领导的生活大都是枯燥的，用各种条条框框把自己的生活变成一台精密运作的机器，希望每一件事情都能够找到它的依据。他们严谨认真，一丝不苟，对工作之外的事情缺乏关注。

当与别人相处时，除了工作，他们很难找到共同话题，几句之后就以无趣告终。所以，这种类型的领导应该改善自己的生活，增加一些乐趣，如培养一些兴趣爱好，可以尝试体育锻炼、旅游、种植花卉、提高厨艺、欣赏音乐、看电影等。这些兴趣爱好，既可以帮助自己放松紧张的神经，又可以增加人际交往的范围，找到和别人的共同语言。

总而言之，对于理智型团队领导来说，只坚持原则还不够，还要学会沟通，改善人际关系，学会从别人的角度考虑问题；最好在团队里营造一种宽容、互相理解的氛围，让团队成员在相互信任的环境中共同努力，发挥出“1+1 ＞ 2”的效应。

# 把权力下放——授权型团队领导

**经典案例：**

马国是一家塑料制品公司的采购部经理。公司主要生产电器的塑料外壳。马国所在的团队负责原材料的采购、仓储管理以及相关的财务管理等。

一段时间以来，由于业务量扩大，公司又新建了几个仓库，马国的工作一下子繁忙起来。他每周都要在不同的城市之间飞来飞去，考察不同供应商的原材料的性能、价格，组织招标采购工作。同时，他还要定期检查每个仓库，包括仓库里的设备安全、防火防盗等工作，还要对仓库的货物往来进行财务管理，这使他忙得不可开交。

为了减少自己的工作量，也为了让工作更有效率，他采取了授权式的管理方式。他把原材料招标采购、货物运输管理、仓储管理与财务管理，分别交给了自己团队里的4个成员，由他们来负责，并定期向自己汇报。

他对他们提出要求："这些事情可以由你们自己来决定，但是，重大决策之前必须向我报告。"

在做出这样的授权之后，马国感到一下子轻松了许多，他不必每周出差，也不用每天去检查各个仓库，只要定期听他们汇报工作即可。

三个月期间，采购工作一直按部就班进行着。但是有一次，工作出现了问题。

负责采购招标的郭涛在制作招标方案时，出了一个很大的纰漏。他向公司的五家供应商发出竞标邀请，要他们带着原材料样本、生产质量鉴定书和投标书来参加竞标。结果，因为经验不足，他把需要竞标的原材料型号写错了，供应商来到以后才发现这个问题，非常不满。

马国也渐渐发现了更多的问题，自己虽然因为授权得到了一些解脱，但是工作中的问题也不断冒出来，如在仓库管理上，时常会出现火灾安全隐患；在财务管理上，有时会出现账目不清的情况。这些都让他感到很焦虑。

授权型团队领导是一种常见的团队领导类型。

这种类型的领导最大的特点是简政、放权。他们只决定团队的目标、方向，把工作的每个环节交给团队成员去做，自己不做太多干预。

授权型团队领导对团队的目标有着准确判断。他们工作能力强，经验丰富，知道团队的努力方向是什么，喜欢在脑海中反复描绘将来，想象实现目标以后的情景。

他们会精心考虑每一个工作环节，然后把任务交给最合适的人去做，即在清晰描述完自己的愿景之后，把不同的环节授权给不同的人来负责。这样做，实现了分工，也提高了效率。

为了找到合适的人去授权，授权型团队领导会把大量的时间花在考察自己的团队伙伴上。他们会找每一个团队伙伴谈心，在谈话中了解他们的想法，观察他们的表现，来判断其是否是心仪的人选；还会考察他们在工作中的态度，是否认真负责，能否解决实际问题；在团队会议上，他们会注意观察每一个人的发言、表现，看他们是否思维缜密、表达清晰。通过这样的过程，授权型团队领导对每一个团队成员的能力、特长、性格、兴趣、爱好等有了充分的了解，然后就可以达到“知人善用”的目的。

授权型团队领导很相信自己的判断，一旦做出授权决定，把责任委派给团队伙伴之后，就对他们深信不疑，要他们独立开展工作，不喜欢干预太多。

授权型团队领导大都性格乐观、擅长沟通，在工作中会随时与伙伴们交流，了解他们的困难，力争与他们建立一种信任关系，时常用这样的话语来激励他们：

“你很优秀。”

“你一定会把这件事做好的。”

“我相信你能做到。”

这些激励的话语，使团队伙伴们感觉受到极大的鼓舞，他们往往能够发挥出很大的热情，做出超常的工作成绩。

从心理学的角度来说，授权型团队领导一般成长在一个宽松的氛围，父母从小对他们有较少的干预，鼓励他们自由进行探索，总对他们说：“我相信你，你会做好的。”使他们对生活有较高的自信心，对别人有较强的信任感，相信别人可以信守承诺。

但是也应该看到，授权型团队领导的工作也存在一些问题。

他们过于依赖自己的团队伙伴。把工作全权委托给他们，自己却很少参与，这导致他们对工作的进程不够了解，在出现问题时，无法在第一时间解决问题。

他们十分强调发挥每一个团队成员的能动性，鼓励他们放手去做，却忽视了团队是一个高度分工、协作的整体，只靠一个人或几个人的力量单打独斗，是无法把工作做好的，必须进行充分的沟通与协作，才能使团队发挥出“1+1 ＞ 2”的效应。

那么，授权型团队领导应该怎样改进自己的工作呢？

## 提高团队的执行能力

授权型团队领导大都有着敏锐的市场嗅觉、优秀的工作能力和强大的直觉，能够在第一时间就知道自己下一步努力的方向是什么。因为这种直觉，他们往往比别人提前一步预知行动。

因此，他们沉醉在自己的愿景里，在脑海里反复构思每一步的行动方案。在这样的构想中，他们似乎已经看到了完美的结局，甚至觉得细节已经不重要了，他们有些不屑于去关注那些细节，于是他们把这些细节交给别人来处理，然后自己继续构建更加宏大的愿景。

但是要注意一点："不积跬步，无以至千里；不积小流，无以成江海。"人们常说"千里之行，始于足下"，即使你有再好的目标，也需要从眼前的基础做起。所以，授权型团队领导不能因为宏大的目标而忽视了眼前的细节，应该领导团队从基础做起，一步一步地实现目标。

例如，在销售团队里，你已经拥有了一个销售目标：在一定时期内取得一定市场占有率，除此之外，还要从市场调研、广告设计、媒体宣传、价格设计、渠道推广等各个环节去加强控制，这样你才能带领团队实现目标。

## 提高对团队工作的参与度

授权型团队领导往往有这样一种观念："把这些工作交给别人做就行了，我只希望看到结果。"他们热衷于选拔一些自己信任的人，把权力授予他们，对他们委以重任，给他们充分的自由发挥的空间，然后期待结果的发生。

但是要注意一点，团队成员的工作经验可能远不如你的丰富，他们的实际工作能力也未必有你期望的那样强，把工作全都放手交给他们，由他们自由处理，他们很可能处理不好，最终还得由你来收拾残局。

所以，不能把权力授出之后就不闻不问，而是要有所控制。比如，可以分步授权。把一件工作分成几个部分，一步一步去授权，不要一下子赋予团队伙伴太多的权力，他们可能应对不了将要出现的问题。可以加强监控。你把权力授出之后，不能一劳永逸，只想得到结果，要对团队的执行过程加以监督，随时了解工作进展，发现工作中出现的问题，及时修正。可以定期沟通。定期召开会议，要团队伙伴及时汇报工作，把取得的成绩、遇到的问题都说出来，由团队共同讨论，以便总结经验教训，改进下一步的行动。

通过这样的过程，你就可以深入参与到团队工作中来。

### 提升团队成员的协作能力

在授权型团队领导的管理之下，团队可能会出现沟通不畅、协作不力的情况。因为这种类型的领导过于倚重几个人来开展工作，把权力授给他们，要他们独立负责、自主决策，会导致每个人的权力过大，彼此之间缺乏沟通与合作的意愿。

总而言之，要记住，授权型团队领导不能只沉醉于庞大的目标之中，把责任完全放手给几个人分担，然后期待结果的发生，要加强对团队工作的参与，控制每一步的行动，提高执行力，才能使团队走向成功。

# 第三章

## 有效的沟通，有效的管理——团队核心沟通能力

## 大胆说话——克服当众说话的羞怯心理

**经典案例：**

杜朋在一家汽车4S店工作，他有着扎实的技术能力，在汽车修理方面有着丰富的经验。经他修理的汽车，都好像新的一样，故障率少，使用时间长，客户都非常满意。因为出色的工作表现，他最近被提升为4S店的店长，由原来的只负责汽车维修工作，变成全面负责汽车的销售、修理、售后服务等工作。

虽然杜朋很擅长汽车维修，但是沟通表达能力一般。他性格比较害羞，与别人在一起时，常常会不自主地紧张，语速变快，本来想好的话变得没有逻辑。有时候别人甚至搞不清他在说什么。

原来他的团队里只有3个人，现在，突然增加到10个人，他感到很不适应。每天早上团队开会，在销售、修理、维护各个部门介绍自己的工作情况之后，需要他当众发言并布置一天的工作。这时，他总是感到很紧张，要么低着头说自己的，没考虑别人是否听懂；要么声音太小，别人听不到。有时，本来想好的话，到了嘴边，又忘记了。

不过，当意识到自己的这种情况之后，他采取了一些办法去改变。比如，他在前一天快下班时，会认真总结这一天的工作，然后把第二天要做的工作写下来，包括新车销售方案、修理技术等问题。在第二天早上团队开会的时候，按照这个书面材料去表达，从前的紧张就减少了很多。同时，他也有意培养自己的沟通表达能力，如主动和店员谈天、讨论，休息时间与他们谈一些生活中的趣事。为了锻炼表达能力，他还每天在家里大声朗读一些文章段落。

经过这样的练习，他的沟通表达能力提升了，在团队面前讲话时不再紧张，能够自如地表达自己。渐渐地，他成功地适应了店长的领导工作。

要想成为一个成功的团队领导，你必须学会沟通。

团队是一个分工协作的整体。在团队里，你需要通过真诚的话语与团队成员积极交换信息，分享技术与方案，协同一致，为一个共同的目标努力，与团队一起走向成功。

只有进行充分的沟通，才能够确立共同的目标。因为每一个人对团队工作的理解都不一样，只有相互沟通，才能够达成一致，明确共同的目标。也只有进行充分的沟通，你才能够把你的工作计划传达给团队伙伴，让他们知道你希望他们在未来的时间里做什么，要取得怎样的成绩。此外，进行充分的沟通，才能够激励团队，消除分歧，克服困难，走向成功。但是有人会说，我的性格天生就内向、胆小，害怕与别人交往，我能够改变自己吗？

答案是肯定的：你可以做到！

从心理学的角度来讲，一个人的性格是在漫长的生活经历中形成的行为与心理习惯，它具有相当的稳定性。但要注意，它不是一成不变的。虽然你现在可能不够开朗，不擅长沟通表达，但是只要调整心态，积极练习，仍然可以变得开朗、大方，擅长沟通。

一个人的沟通能力取决于他内心对自己的肯定。那些缺乏沟通意愿、表达能力差的人，大多是自信心不足、缺乏练习的人。他们对生活的态度是悲观的，心里充满忧虑，总是在怀疑自己："我能够做到吗？""我能够流畅地表达吗？"他们整天唉声叹气，在他们眼里，生活中充满危险，自己无法与别人建立信任。与别人在一起的时候，他觉得双方找不到共同语言，常常不欢而散。他们一到人多的场合就紧张，不知道该说什么。在团队里，他们表现得保守、忧虑、逃避，不敢表达自己，他们就像一颗休眠的种子，每一个细胞都是沉睡的，还没有准备好施展自己的才能。

在这种心态的影响下，他们的思维是僵化的，情感是消沉的，行为是保守的。他们已经陷入一个泥沼：被自己的负面心态紧紧缠住，难以自拔。

这时就要改变自己，用积极的心态填充自己，让自己变得阳光、快乐起来。然后你就可以发生改变。

## 告诉团队成员你的目标

生活中我们每一个人都会有目标，比如，你希望一个月内购置一部新的功能实用、美观大方的手机；希望在长假到来时进行一次旅游，放松自己紧张的身心；一年之内为自己购置一处住房，成为新婚的居所……这些都是你的目标。

团队也必须拥有一个目标。作为团队的领导者，你应该清楚团队的下一步任务是什么，并准确地向你的成员们描述它。例如，在销售团队里，你要向成员们描述：在三个月以内将实现怎样的销售量，在一年内将达到怎样的市场占有率。在 IT 项目团队里，你要向成员们描述：将开发一款功能齐备、操作简捷的手机软件，它要满足哪些客户群体的要求。在车间生产团队里，你要向成员们描述：将生产出一种质量上乘、方便好用的产品，这个产品将投放在怎样的市场里。

当你不知道该向团队成员说什么时，请你向他们描述你的目标。有了目标，就可以把他们的动机唤醒，使他们的认知、情绪处于一种激发的状态，团队就会变得有方向，有活力。

你要在内心里时时勾画这个目标，让它变得清晰，然后，在你表达的时候，因为有据可循，就会变得流畅。

## 清晰地说出你的方案

只说出你的目标还不够，还需要把你的行动方案告诉给团队成员们。例如，在一个销售团队中，你正在筹划一款家用洗涤用品的营销方案，那么，这款洗涤用品面向的客户是谁？将设计怎样的广告？通过哪些媒体进行宣传？定价为多少才是合理的？要通过哪些渠道（如超市、小型市场、网购）推销给客户？

……

描述任何一件事情都需要分步骤来进行。把你的工作分解成合适的步骤，每一步需要做什么，列在纸上，写在电脑里，在团队开会时，一条一条把它们说出来，你的思路就会变得清晰，表达就会富有条理性，不再紧张和不知所措。

## 热情沟通

在团队里，应该学会进行热情的沟通。例如，在团队会议上，大方地说出自己对团队工作的见解，然后鼓励团队成员们发言，让每一个人把自己的设想积极表达出来，相互讨论，群策群力，形成一个完美的方案。

要主动与别人打招呼。早上，在见到团队成员时，应该热情地对他们说："你好。"利用工作的休息时间，与他们谈谈旅游、房屋装修、美食、热门影视等他们喜欢的话题，分享你的兴趣和爱好，让他们知道你是一个热爱生活、充满情趣的人。通过这样的过程，拉近彼此的距离，建立起亲密的联系。这对于领导团队的工作会非常有益。

## 练习说话

世界上那些著名的领导人、政治家、商界领袖、律师、艺术家大都擅长激情四射的演说，擅长调动人们的情绪。他们的表达能力是通过长期的练习获得的。

美国前总统肯尼迪，是一位充满活力的演说者。他在总统选举中，凭借着热情洋溢的演说，一举击败了当时的另外一位热门人选——尼克松。他是怎样做到这一点的？据他身边的工作人员回忆，为了能够说服人们为他投票，在每次集会之前，他都要一个人在房间里整理讲稿，然后大声朗读出来。这个时候，谁都不能打扰他。这样，当他站在集会的演讲台上时，他就感到信心十足，毫不怯场，能够全身心投入演讲中，这也最终帮助他取得了成功。

所以，要想提高沟通表达能力，就要多练习。

要多看书，看那些名人的成功传记，看他们是怎样克服困难成长的，他们的成功经验是怎样的。多学习与你的生活和工作相关的知识，例如，对于销售团队，要学习广告学知识，学习关于客户心理的知识；对于IT项目团队，要学习关于网络与信息技术、程序语言方面的知识；对于车间生产团队，要学习材料加工，技术流程方面的知识……在这样的过程中，你不仅得到了知识，思维也会变得更加丰富，语言更有条理，富有逻辑性和感染力。你也会变得自信，性格也会发生变化。

概言之，在团队中，要把封闭的内心打开，学会沟通，让自己变成一个思维清晰、善于表达的人，这样才能带领你的团队伙伴走向成功。

## 目标明确——说出你的要求

**经典案例：**

孟芸在一家化妆品公司的总部从事销售工作。新年伊始，由于业务的拓展，孟芸被调到了西部的一个城市，在新成立的子公司里做市场总监。她的主要任务是在这里组建团队，推广本公司的化妆品。

她上任以后，立即招兵买马，聘用了一些有活力、有干劲的销售人员。但是，要想在一个陌生的城市推广一个品牌可不是一件容易的事。公司以前在此地并没有业务基础，这是第一次来这里拓展业务，可以说难度还是比较大的。而且，化妆品市场竞争十分激烈，各种品牌争相占领市场，在这种情况下，孟芸怎样才能迅速打开销路、站稳脚跟呢？

为了开展工作，孟芸精心准备了销售方案，在团队会议上，她把自己的方案向团队和盘托出。

首先，她指出，本公司开发的这款化妆品，主要是面向中年女士，属于中高档的化妆品，目标客户是有一定经济实力、对皮肤保养有着较高要求的人。以她从前的经验来看，这些客户要么是白领阶层，有着独立的经济来源，能够为自己的支出自主做出决定，要么是家境较为宽裕的家庭主妇。

随后她指出，把这款化妆品推向客户的办法，主要有三个：第一个是通过电台广播、本地报纸网站宣传给客户；第二个是通过各种美容中心、护肤中心、健身中心、专卖店推销给客户；第三个则是通过销售人员直接访问商务写字楼、中高档住宅小区进行推广。

她给出的方案，目标明确，客户定位合理，方法适当，团队成员们都觉得具有可行性。然后根据她的设想，团队成员一起制订了营销方案，包括广告宣传单、价格定位、礼品包装等各个环节。

在接下来的几个月里，团队成员共同努力，按照孟芸设定的目标和方案去展开工作，最终取得了良好的销售成绩，成功地在这个城市站稳了脚跟。

作为团队的领导者，你必须清楚自己的目标是什么。

古时候有一个神箭手叫李晟。李晟小的时候很顽皮，上私塾课的时候不认真听讲，还捉了一只虫子放在老师的书匣子里，把老师吓了一跳。李晟的父亲是一员威武的大将，看到孩子这样顽皮，十分头痛，他责备李晟说："你这样顽皮，什么都不放在心上，长大以后能做什么？"

有一次，李晟随父亲一起到军营里检阅军队，看到父亲从排列整齐的队伍前走过，十分威风。这时父亲拿出一支箭，挽起弓，"嗖"的一声射出去，准确射在靶心上，士兵们欢声雷动。李晟十分羡慕，他对父亲说："我将来也要成为一名神箭手。"父亲就给了他一枚铜钱，告诉他："你把这个铜钱拴在屋檐下，每天对着它练习射箭，就能成功。"

李晟将信将疑地接过铜钱，把它挂在房檐下，每次练习的时候就以这只铜钱作为靶子，把箭射向它。他进步很快。经过长久的努力，他终于练成了百发百中的神箭手，让父亲刮目相看。

因为有了射中铜钱这个目标，李晟时时练习，调整自己，修正自己的姿势、动作，最终成为射箭的高手。

团队也是如此。在团队里，每个人都有着不同的背景、经验。就好像一些散乱堆放的零件，还没有整合在一起，无法为一个共同的目标而工作。这时，就需要团队的领导去调动他们，把他们安排在恰当的位置，让团队的领导们彼此协调，才能够变成一部高效运转的机器。同样，在团队里，你也需要用目标把团队成员整合在一起，每一个人都按照这个目标去行动，就会形成合力，做出不凡的成绩。

在心理学里，特别强调目标的作用。如果把团队比成一个人，在没有目标的时候，他是缺乏方向的，思维没有被唤醒，认知没有得到激发，内心也是保守的。总之，他的身心没有准备好，还不能应付有挑战性的任务。但是有了目标就不一样，他的注意力就会变得集中，认知被激活，各种归纳、分析、总结、推理功能都会得到唤醒，整个身心都处于一种活跃的状态，这时，他就会变得认真而专注，可以很好地完成工作。

所以，作为团队领导者，你必须告诉他们前进的方向是什么。就好像一艘航行在大海里的大船，作为船长，你必须知道航行的目的地在哪里，路上会遇到哪些阻碍，怎样克服，正确地指挥船员，最终胜利到达目的地。

### 向团队成员说出你的要求

在团队里，你需要清晰地说出你的要求。

你必须对团队工作十分熟悉，随时收集信息，在大脑里形成一个有关任务的完整的图像，就好像在画一幅人物画，一开始只是粗粗勾勒几笔轮廓，尽管是粗糙的几笔，却已经具备了面部、身体、四肢等部分。然后再把每一部分的细节补充上去，如面部表情、穿着打扮，经过这样的过程，这幅画就变得丰满起来。

### 在团队的讨论中表达你的要求

在一个销售团队里，你想把一款保健茶推销给客户。为了让团队成员理解你的意图，可以与团队成员进行积极的讨论。

人们常说："盲人摸象。"每一个人看问题都是有局限性的，如同几位盲人在摸一只大象，有的人说它像柱子，有的人说它像蒲扇，有的人说它是一堵墙壁……这是因为每个人只摸到了大象的不同部分。团队里也是一样，每一个人的知识、经验都是有限的，对工作的认识也是各有局限。但是把不同的人的知识整合起来，就能形成强大的整体认知。

每个人都拿出自己的设想，相互讨论，目标就会变得明确。在这个过程中，你的意图也会很好地传递给团队成员。

### 坚定地执行

作为团队领导者，你还必须用积极的话语鼓励团队成员，把理想中的目标变成现实。

总而言之，要记住，领导者要清楚地知道团队的目标是什么，时时向团队成员描述这个目标，用这个目标去激励他们，让大家协同一致，共同努力，直到团队取得成功。

## 说话要合情理——让别人赞同

**经典案例：**

何钦是一家中式特色餐馆的网络经营部的经理。她的团队主要通过手机、互联网向本地消费者提供口味丰富的中式餐饮的订餐服务，包括川菜、鲁菜等，顾客既可以在店内就餐，也可以叫外卖。

何钦团队的日常工作包括把各种菜肴的介绍（包括图片、原材料、烧制过程等）发布在网站上，向顾客宣传，并且根据客户要求，量身定做家宴、生日宴、婚宴等。她的手下有四名成员。

因为菜品味道好、外形漂亮、样式丰富，所以餐馆的业务量一直很大。

在圣诞节前夕，何钦发现了一个问题：最近一段时间以来，通过电话或者网络留言来咨询订餐的顾客里面，有很多人提出这样的要求："在圣诞节的时候，有没有西式风格的餐饮？"而餐馆一直主要从事中式餐饮的经营，西式风格的菜是很少的。但是很多客户都希望能够在圣诞节晚上——这个西方的节日里，能够吃上一顿西式风格的大餐，包括牛排、沙拉、蘑菇汤、葡萄酒等。

这给何钦提出了一个难题，餐馆没有这方面的业务，但是这些业务该不该做呢？她经过仔细调查，认为可以做。

在团队会议的时候，她把自己的设想提了出来——在圣诞节这一天，增加西式风格的菜肴，提供西式家宴的订餐。但这一设想遭到了团队成员的反对，他们认为，西式餐饮的业务很少，而且餐馆并不擅长做西餐。

对此，何钦拿出自己精心准备的资料，她根据最近一段时间的订餐数据和咨询记录指出，在圣诞节这一天，西式餐饮有很大的市场。同时她已经通过人力资源部门，找到了优秀的西式餐饮烹饪师。

这样，她成功说服了团队和餐馆，开展了这项业务。

果然在圣诞节那天，餐馆取得了很高的销售额。

作为领导者，如果想让团队听从你的指挥，你就必须具有说服力。你要能够提供充分的信息与材料，让团队看到你所提方案的前景，愿意与你一起工作，直到目标实现。

心理学认为，人与人在交流沟通的时候，不能只是简单地提出要求、做出粗暴的命令，还必须学会说服别人。这是因为，人具有高级思维能力。动物只能凭借着本能行事，只有初级的感觉、知觉，只凭自己的好恶行动。但是人不同，人具有高级的思维，不仅具有感觉、知觉，更具有归纳、分析、判断、推理、总结、想象等高级思维能力。因为这些高级思维能力的存在，人类可以进行复杂的思考。我们在看一件事情的时候，不仅仅看它表面上是否漂亮，还要看它的内在是否合理。大脑会自然地运用各种思维能力进行判断。

同样，当你向自己的团队成员抛出一个方案的时候，也必须给他们提供充分的信息与资料。例如，在一个网站设计团队中，当你向团队成员提出一个网站设计方案时，还必须告诉他们：网站的使用者主要是怎样的人？他们有什么兴趣、爱好？有怎样的上网习惯？为什么网页要采取这样的布局？不同的网页之间的链接次序是怎样的？广告的位置摆放在哪里，才最容易被使用者注意到？网页上的图案用哪种色彩最合适？网页上的内容如何排列，才看上去清晰、合理、便于阅读？

当你富有条理地去解释这些时，团队成员就容易明白你做这件事的意图，也会坚定地去执行。

所以，如果想成为一个成功的团队领导，你必须让你的话具有说服力。可以这样讲，拥有了说服别人的能力，你就好像拥有了魔法师脚下的飞毯，又像是拥有了点金者手中的法杖，能够让团队上下一心，共同向着目标前进。

### 有条理地把你的方案展现给团队成员

当你已经拥有了强大的逻辑性，对团队的方案胸有成竹时，下一步，就是要把方案展现给你的团队伙伴。

说服别人的关键，在于你的条理性。就好像从一颗蚕茧中抽丝一样，要从源头开始，沿着它缠绕的轨迹，一点点地把它展开。如果你太过着急，就可能把它扯断，或者让它乱成一团。保持耐心，随着你工作的深入，这个蚕茧将会被完全解开。

在向团队讲述方案的时候，也要如此，把你的方案分步骤地、有条理地展现出来。方案一共分几个步骤？第一步是什么？它的实现办法是什么？需要怎样的技术支持？需要怎样的人员安排？第二步是什么……按照这样的顺序一条一条展开，就好像在向别人展示一幅长画卷，让人们看清了其中的每一个细节，但每一个细节又是整体的一部分，人们又能够充分领略它的美。如果能做到这一点，你就自然可以说服别人。

### 丰富你的大脑

一个人的表达能力不是短时间就可以完善的，需要在平时多去学习、积累。例如，在销售团队里，你应该去学习广告设计、媒体宣传、渠道推广、客户心理方面的知识；在 IT 项目团队里，你应该去积累程序语言知识、数据库知识、数字算法知识、客户工作流程知识；在工程团队里，你应该从每一个工程项目中积累建筑原料知识、力学知识、施工流程知识、施工安全知识；等等。

通过知识的积累，你的大脑将会变得丰富。当你想表达的时候，就可以源源不断地把信息提取出来，表达将会富有条理性，充满说服力。

### 让团队成员献计献策

为了让团队接受你的方案，还可以发动团队成员进行充分的讨论。这一点我们在上文中已经有所讲述。

总而言之，要记住，作为团队的领导者，你要学会说服别人，在说服的过程中保持思维清晰、表达流畅，用严密的逻辑思维能力去说服别人，让团队目标保持一致，直到取得成功。

# 做一个合格的倾听者——鼓励对方多说话

**经典案例：**

朱飞是一家手机游戏公司设计团队的负责人，主要负责手机游戏的情节设计、人物造型策划等方面的工作。公司正在策划一款新的手机武侠游戏，在游戏中，玩家要扮演一些武功高强的少年侠客，修炼武功、除暴安良、过关斩将、消灭敌人等。

朱飞为这款游戏投入了大量的精力。他通过市场分析发现，在手机游戏市场上，已经有多款同类的游戏，这些游戏大都情节设计得比较巧妙，如以武侠小说为背景来展开游戏的情节，人物造型时尚，画面设计精美，对玩家很有吸引力。

经过详细的调查与思考，朱飞拿出了自己的设计方案，他以一部流行的武侠小说为背景，设计了一些古代的侠客角色，他们游侠江湖、匡扶正义，同时完成了自身的成长。然后，他把自己的方案拿到团队会议上，请大家讨论。

看到他的方案，团队成员们各抒己见。不过，在经过多次讨论以后，他们一致的意见是，这个方案的情节设计太老套，与现有的同类游戏雷同，只是把人物的姓名、形象重新换了一下而已。

听到这样的批评，朱飞并没有急于反驳，而是请团队成员们进一步提出改进的意见。在伙伴们发言时，他认真倾听着，并仔细考虑他们的话是否合理。

于是，团队成员们纷纷献计献策，他们指出，以武侠小说为情节背景的手机游戏已经很多，不如改成一款以闯关寻宝为背景的手机游戏，然后重新设计人物形象。

听到这些意见，朱飞很有启发。他根据自身情况采纳了这些建议，重新进行了设计开发计划。

半年之后，这款以闯关寻宝为背景的手机游戏刚一上市，就引发了大众好评，玩家们觉得它情节新奇、人物形象独特，与市面上流行的游戏有很大的不同。

如果想成为一名成功的团队领导，你就必须学会倾听。

心理学家认为，一次良好的沟通不只是单向的灌输，它既包括演说者在讲，又包括听众在认真倾听，双方应该有一些互动。

心理学中有一种效应，叫“互动效应”。心理学家曾经做过一个实验，他们请来两组人，要他们参加一个互动沟通的游戏——在一个礼堂里发表演说。实际上礼堂里坐着的观众都是这些心理学家提前安排好的。这些提前安排好的观众需要根据心理学家的要求行事：当其中一些演讲者在发表演说时，做出专注、认真的表情，不时地记笔记，主动回答演讲者提出的问题；对于另外一组，则表现得很不感兴趣，如打瞌睡，低头玩手机，当演讲者提问时沉默不语。结果发现，当这些“听众”认真地倾听、与演讲者积极互动的时候，演讲者会更投入，表现得更活跃，表达更清晰。而另外一组则气氛沉闷，演讲者草草了事。

“互动效应”表明，当别人在发言时，如果你能够做出姿态，认真倾听，也会刺激发言者，双方能形成良好的互动，会取得更好的沟通效果。

所以，学会倾听很重要。倾听首先表达了你的尊重。因为此时你的严肃的表情、专注的态度和投入的动作，都让对方感到你很在意他们的发言，使他们有强烈的与你探讨的意愿。而且，通过理解对方的话，你可以随后发表自己的意见，双方互动，对团队工作方案达成共识。

认真倾听对方的讲话，可以激发对方的讲话欲，让他们更愿意表达并积极贡献出自己的信息，使沟通达到完美的效果。那么，怎样才能成为一个合格的倾听者呢？

## 请对方先发言

曾经有人问著名的演讲大师卡耐基："能受到这么多人的欢迎，您是怎么做到的？"卡耐基的回答出人意料："你们都以为我是一个擅长演讲的演说家，其实我更擅长的是倾听。每当我想和一个人结交为朋友的时候，我就会用全神贯注的态度听他讲话，然后我们就成为朋友了，就是这么简单！"

很多人在发表演讲时都有一种不自觉的习惯，那就是自己说起话来滔滔不绝，不管别人的感受，自己尽兴了事，以为这样就达到了沟通的目的。其实，这只是你一厢情愿。你可能只顾自己在说，但听众并没有抓住你的要点。甚至在你演讲的时候，他们早已感到疲惫，提不起兴趣。

所以，你应该学会让别人先说，可以这样说：

"我很想听一下您的看法。"

"请您先表达意见好吗？"

"等您发言之后我再发言。"

这样谦虚的态度，表达的是沟通的诚意。让对方感到"你不是想把自己的意图强加给我"。在充分理解了对方的发言之后，再适当进行补充，提出自己的想法，就可以取得更好的沟通效果。

## 不要轻易打断对方的发言

有的人性子太急，听对方说了几句，觉得不符合自己的心意，就急于反驳，打断对方，迫不及待地把自己的想法说出来。其实，对方真正的想法可能还没有完全表达出来，他们的思维刚刚展开就被你打断，肯定会感到很不愉快。所以，不要急于打断对方，就算你不同意对方的观点，也不要马上反驳；要等对方说完之后，你已经掌握了他发言的要点，然后再有针对性地提出自己的见解，避免不着边际的争论，使沟通更为顺畅。

### 抓住对方的要点，不要匆忙下结论

在沟通的时候，要抓住对方讲话的要点。例如，在一个广告设计方案当中，目标客户是谁？这个广告方案最能够吸引客户的特点在哪里？价格是怎样定位的……抓住这些要点，你就能够清楚地把握住对方发言的纲要。不要纠缠在一些细枝末节上不放手，以免破坏沟通的氛围。

### 保持认真谦虚的态度

倾听——不仅仅是坐在那里听。它虽然看上去悄无声息，但你的表情、动作中传达着一种沟通与理解的信号，掌握了倾听的技巧，能够让你了解别人的意图，与别人建立良好的信任关系，为进一步的沟通打好基础。

倾听是一门技术，不可以用懒散、松懈的态度对待团队伙伴的讲话；应该采用认真、专注、投入的态度。

身体前倾，手最好放在桌子上或者腿上（坐姿），或下垂在身体两侧（站姿）。不要敞开胳膊，将胳膊随意地搭在身体两侧。

两个人的身体不宜过近或过远，可以保持在一米到两米之间。

双目应当注视对方，但不要专注于对方的眼睛，以免造成尴尬，态度要严肃、投入。

不要左顾右盼，给人一种心不在焉的印象。不要不停地咽唾沫或者活动身体，如果你感到身体有些疲惫，可以轻微活动一下，但不要使劲摇晃身体，更不要打哈欠、伸懒腰。

在对方讲话的过程中不要吸烟、喝水，不要做小动作。如果想喝水，可以在对方说话的间隙喝一点。

听到对方的一些重点内容，你认为合理时，可以轻轻点头表示同意。

在倾听的时候，还应该充分调动自己的思路，运用自己的分析、归纳、总结和判断能力，得出一个简单的总结，就好像我们看一部电影时得出它的主题一样，以便更好地理解对方的意图。

### 适当注意反馈

在对方讲话的间隙或者讲完之后你可以提出一些看法，可以用这样的方式去讲：

“这个建议很好，我认为很有用。”

“我明白你的意思了，你讲的很有道理。”

“说得真好，很清楚，对我很有帮助。”

……

如果你没听清，或者不赞成对方的观点，也同样可以表达出来，但一定要用委婉的口气：

“有一处我没听清，能否再说明一下？”

“对于你的这个想法，我有些疑问，能再解释一些吗？”

“我理解你的这个想法，但是否可以这样考虑……”

……

适当的反馈是必要的，但不要太直接，或者直接挑战对方的观点，让对方难以接受。

记住一点，团队的沟通绝不是一个人的滔滔不绝的演说，而是演讲者与听众的互动。要学会倾听，准确把握团队伙伴的思路，理解他们的意图，协同努力，做到事半功倍。

# 积极反馈——多做肯定的回答

**经典案例：**

孙宁在一家汽车轮胎生产公司工作。公司主要生产各种高性能汽车橡胶轮胎，包括普通路面轮胎、泥地轮胎、雪地轮胎等。孙宁所在的团队主要负责轮胎的塑形、质量检查等环节的工作。

孙宁是公司的资深员工，他在生产技术方面有着丰富的经验。

最近三个月，公司接到了大量的订单。为了拓展业务，公司新引进了一条生产线，又聘用了二十几名新员工，加班加点地工作。孙宁因为优秀的技术能力和丰富的经验被提升为新组建的车间团队的负责人。

新员工都缺乏经验，需要大量的培训才能掌握生产技能。于是，孙宁担当起了培训师的角色。他从材料配置、胎面防滑纹设计，塑造成型各个环节向他们耐心讲述，手把手教他们怎样操作。新员工的进步很快。

但是，汽车轮胎的生产有着比较复杂的工艺，需要十分精细的操作，稍有不慎就可能生产出来次品。新员工因为业务还不够熟练，时常会出现差错，如做出的轮胎变形、胎面防滑纹扭曲、质量不过关等。这时员工们就会找到孙宁，向他求助。

在这种情况下，孙宁总是与他们一起找到问题，研究改进的办法，并且积极地鼓励他们说：

“你做得很好，这样下去你很快就能掌握了。”

“你进步很快，你一定能把这件事情做好的。”

“只是一点问题，稍微修正一下就可以了。”

在孙宁的鼓励和支持下，新员工很快就掌握了生产工艺，三个月后，他们顺利完成了生产任务。孙宁和生产团队也得到了公司的嘉奖。

如果想成为一名成功的团队领导者，你就必须学会做出积极的反馈，鼓励团队成员。

心理学中有一种现象，叫“反馈原理”。

心理学家在一所幼儿园里做了一个实验，他们把这所幼儿园里的孩子分成两组，每组都分给一些积木，要这些孩子尽快把这些积木堆成房屋、城堡等形状。

在其中的一组里，心理学家并没有进行任何干预，只是在旁边静静观察，要孩子们自己去做。在另外一组里则不同，每当看到孩子们做好一部分，如搭建好一个地基、摆好一堵墙壁、安装好一扇窗时，就鼓励他们说“这一步你做得很好”，“摆得不错，继续坚持下去”，等等。

结果，心理学家发现，那些经常受到肯定的孩子，把工作完成得又快又好，而那些没有受到肯定的孩子，则缺乏动力，拖拖拉拉，许久也没做完。

我们每一个人都有希望得到别人肯定的倾向，如演员在表演的时候，希望观众们给予热烈的掌声；运动员在比赛的时候，希望听到观众们的加油助威声；人们在工作的时候，希望得到别人的肯定，听到对自己工作成绩的赞美。得到了别人的肯定，就会产生强烈的自信心，希望进一步努力，把事情做好。

在沟通中，如果你能够及时反馈，鼓励对方，就会激发他们的干劲，从而更高效地完成任务。

积极地肯定别人，能够起到鼓舞士气、加强团结和提升沟通效果的作用，你的团队会更有战斗力。

有一次，著名的演说家卡恩·佩尼遇到一位求助者。这位求助者性格腼腆，不擅长沟通表达。他结结巴巴的，用非常小的声音对佩尼说："佩尼先生，我真是——太笨了，每当和别人说话——就紧张，我怎样才能够——改变？"

说完这些话，他已经满脸通红，呼吸急促。

佩尼看到他局促的样子，就故作惊讶地对他说："是吗？有这个问题？可是，我觉得你的话说得很流畅啊。"

那个人不好意思地笑了，他说："佩尼——先生，您是在取笑我吗？我真的——很苦恼的，我的表达能力很差的。"

佩尼："可是，我真的听清了你的话，我知道你想表达什么。"

这一次那个人生气了，大声喊："佩尼先生，请你不要嘲笑我！我是认真的，我表达能力真的有问题！"

佩尼笑着说："你看，你现在不是说得很好吗？"

那个人也跟着笑了，他的怒气顿时一扫而空。

可以说，因为积极地反馈，佩尼成功改变了这个紧张害羞、不擅长表达的人。

只有理解了别人的发言，才能够有针对性地提出建议。很多人在与别人沟通时，缺乏认真的准备。比如，在销售团队里，在听取同事关于一种服装品牌的营销方案时，你并没有认真考虑这款服装适用于哪些客户群体，价格定位怎样，用哪些媒体做广告，最适合的推销渠道是什么……仓促提出意见，结果，你提的意见并不是对方所真正需要的，没有起到改进的作用。这样就无法进行有效的沟通。

在与别人沟通时，要仔细理解对方的意图。为此，你可以做精心的准备。比如，可以提前向同事问一下他们的方案，仔细研究方案的构成。对于那个服装品牌的销售方案，可以问一下它适用于青年人、中年人，还是老年人？（男式服装）适用于职场女性、家庭主妇，还是女学生？（女士服装）它的价格是否在这些客户可接受的范围内，占他们月支出的多大比例？广告是怎样设计的？是否做到了新颖、独特、自然大方、有吸引力？仔细研究这些问题之后，当你与同事进行沟通的时候，可以就这些具体的问题进行反馈，提出有价值的建议，让他们感到你是认真准备了，是在真诚地提意见。

## 多夸赞对方的长处

在沟通中，应该避免总是用挑剔的眼光去看待别人。有些人，在与别人沟通时会不自觉地戴上有色眼镜，看到别人的方案，听到别人的发言，首先想到的就是有什么毛病，能找到什么缺点。其实不然，每个人都有长处，不能只看到别人的不足，看不到别人的长处。

一个看上去平平淡淡的广告方案设计，其实可能很细致、有内涵；一个并不华丽的手机应用软件，可能很实用；一个看上去并不惹人注意的生产任务安排，可能实施起来会很有效率。

发现别人的长处，你就知道在沟通中该说些什么。可以先表扬对方的优点，然后再提出不足，便于别人接受。

## 多使用赞扬性的语言

俗话说：“好言一句三冬暖，恶语伤人六月寒。”一句赞扬的话比十句伤人的话更有用。

在团队里，应该多鼓励团队伙伴，赞扬他们。

总而言之，要记住，在团队里，你要学会理解团队成员的话语，积极地反馈，提出有价值的建议，起到改进工作、促进沟通的作用，这对于团队非常有好处。

## 委婉最重要——不当面指正别人的错误

**经典案例：**

庄涯是一家糕饼店的经理，糕饼店主要制作和销售生日蛋糕、糕点、饼干、冰淇淋等食品。店内有店员十余名。

糕饼店位于城市的繁华地段，附近有两个居民小区。店内生产的各种口味的糕饼、甜品花样繁多、口味好，深受顾客的喜欢，经常会有人排队购买。还有很多人在过生日的时候，专门打电话预约蛋糕。

为了做出让客户满意的糕点，庄涯对店员进行了严格的管理。比如，对于生日蛋糕的制作，他每天都要严格控制整个过程，包括精心选择面粉，控制发酵时间，选择口感好、营养价值高的奶油，还要求面点师在做好的蛋糕上浇出精美的图案。

正是因为他的严格把关，店里的食品才能受到顾客的好评，一直供不应求。

因为业务量增大，最近店内又新聘用了两名新的面点师。不过，他发现，其中一名年轻人虽然制作蛋糕的技术很出色，但是在工作态度上不如其他人认真。

有一天，庄涯发现，这名面点师在把面粉用发酵机搅拌好以后就拿出手机，到一旁开小差去了，并没有按照要求查看面点发酵的情况。结果因为发酵时间过长，导致制出的糕点过于松软。

但是庄涯并没有当众指出这名年轻人的错误，而是临近下班的时候，借着一个休息时间，他来到这名年轻人身边，然后问他：“小李，今天家里是否有紧急的事？”

年轻人摇摇头表示没有。

庄涯这才含蓄地指出：“如果不是紧急的事情，不要上班的时间看手机，可以在下班的时候再解决。”

年轻人一下明白过来，接受了他的批评。

在日常的管理中，庄涯一直保持这种严格但是又富有温情的风格，总是给员工留有接受的空间。店内的工作氛围一直很好。在他的领导下，糕饼店的食品保持着高质量，赢得了良好的声誉，取得了很好的销售业绩。

社会心理学家塞莱斯通过研究发现了一个有意思的现象：团队沟通时发生的争执往往并不是因为冲突双方有什么严重的利害冲突，绝大多数情况下都是因为双方态度不当引起误解。

具体来说，就是许多人在表达自己观点的时候态度过于强硬，盛气凌人，对方还没有来得及考虑你的观点，就被你的情绪所激怒，导致不欢而散。所以，在表达自己观点的时候，一定要委婉。

塞莱斯提出这样一个建议，一个人在表达自己观点的时候，最好把它分成三步：第一步，只表达出观点的三分之一；第二步，再表达出三分之一；最后，再全部表达出来。

如果你并不同意团队伙伴关于一个工作的方案，那么你要做的并不是对他说“我不同意你”，而是分这样的三步：

第一步：“对你的方案，我有些想法，可否探讨一下？”

第二步：“对了，我也有一些自己的想法，可否与你交流一下？”

第三步：“我们再进一步探讨一下，好吗？”

有了这样迂回的过程，你的想法就可以一步一步展现给别人，给对方一个缓冲的余地，这样，即使是很难相处的人，也会变得愿意沟通。

说话委婉，可以避免矛盾、化解冲突，还可以起到意想不到的效果。

文学家歌德到了晚年，因为身体不好、视力情况欠佳，便聘用了一名女佣，由她来打扫房间、烧饭。不过，这位女佣心比较粗，煮饭的时候经常会把饭煮糊了，弄出一股又苦又焦的味道，让歌德很苦恼。

有一天，女佣又把饭煮糊了。歌德一边吃着苦涩的燕麦粥，一边皱眉头，他想了想，对女佣说："露丝太太，您今天煮的粥真特别。"

女佣听到了，觉得很奇怪，说："歌德先生，有什么特别的？我一直就是这样煮的啊。"

歌德："你一定在这里面放了苦苣（一种带有苦味的蔬菜）。"

女佣很意外："歌德先生，您真会开玩笑，你知道我煮粥从来不往里面放蔬菜的。"

歌德："那怎么会有一种怪怪的苦味呢？"

女佣这才明白过来，她不禁脸红了。从那以后，她煮饭就变得十分小心，再也没有出现过类似的情况。

委婉说话可以起到意想不到的效果，因为你是考虑了对方的心理感受之后，以他们能够接受的方式说出来，而不是直接与他们发生冲突。

在团队沟通时可以从以下角度去加强沟通、避免冲突。

### 不要发脾气

当你发现与团队成员的沟通并不顺利，对方没有接纳你的观点，甚至与你发生争执的时候，不要着急，更不要发脾气，这时最应该做的是冷静下来。对同一件事情的理解，每一个人都可能是不同的，就好像大家从不同的角度去看一座山，每个人看到的山势、形状都是不一样的。不能用简单的谁对谁错来评价。

发生争执时，应该允许对方辩解，让对方说出他的理由，仔细考虑对方说的是否有道理。如果对方还没有完全掌握你的意图，可以等双方的心态平静下来以后，重新进行沟通，要避免只强调自己的观点。

### 指出问题所在

在你想向团队成员提出质疑的时候，要指出他们的问题所在。比如，在一个销售团队中，你对团队成员的营销方案很满意。那么，不满意之处是哪里呢？是广告设计得不够新颖、缺乏吸引力？是宣传语写得不清晰、让人费解？是目标客户的选择不准确？或者是推广的渠道不够合理？

当你批评别人的时候，应该指出具体问题，在尊重事实的基础上提出有价值的改进建议，这样你的建议更容易被接受。在我们不得不指责别人的时候，一定要指出对方的问题所在，“对事不对人”，让对方知道你是为了解决问题，而不是针对个人。

### 进一步了解别人的观点

“知己知彼，百战不殆。”为了更好地沟通，应该多了解别人。了解一下别人的方案是什么，他们这样设计的出发点是什么，与你的观点有什么分歧；还可以了解他们的性格是怎样的，是冲动、外向，还是理智、保守。了解了这些，就理解了他们的沟通的方式，可以有的放矢，与其进行更好的沟通，避免冲突。

### 避免走极端

有些朋友在生活中喜欢走极端，抓住对方的一些小问题，提出一些不合理的要求，让对方难以接受。

比如，你提交了一份工作报告。他们看到某一张图表做得不漂亮，就大加批评；或者看到有几个错字，就大动肝火；或者因为有些局部写得不清晰，就全部否定。这都是不应该的，评价一个人要考虑综合因素，不能因为一点问题就全部否定一个人。应该允许别人犯错误，犯错误不可怕，只要能够把错误改正就好。

**看到别人的长处**

在团队中应该多注意赞美别人。即使是面对你不喜欢的人，多说几句表扬的话也有好处。赞美之词永远都要胜过恶语相向，多发掘别人的长处，学会赞美，有利于改善你的人际关系。

**适度走中间路线**

“不偏谓之中，不易谓之庸。”意思是说，把持中间的立场，不走大是大非的极端路线。在团沟通队中应该避免走极端，发现观点无法统一时，抱着“求同存异”的态度，先把争议搁置起来，看到双方的共同点。对有分歧的部分找时间再进一步沟通。适度把握中间的立场，有助于全面地看问题，让自己远离大是大非的选择，也消除冲突的困扰。

概言之，要注意，在团队里，批评别人时态度要委婉。只有委婉，才能让他们易于接受。含蓄地批评别人，有助于构建融洽的团队氛围，更容易达成团队的目标。

# 学会说好听的话——放大成绩和缩小错误

**经典案例：**

汪海是一家房地产公司销售团队的经理，团队主要负责为公司新开发的楼盘设计广告、在媒体上宣传，向客户介绍楼盘、户型，以及办理销售相关手续等。

公司经营的楼盘是两年前建的，地处城市的江北新技术开发区，楼盘密度低，布局合理，采光好、建筑质量高，交通方便，可以说是一处很有竞争力的楼盘。但是在开售以后，市场反应并不如预期。一些来看房的客户在看过户型之后，提出这样的质疑：虽然楼盘综合条件不错，但处于比较偏僻的新开发的城区，到那里需要过一座桥，离老城区较远，虽然有几路公交车到达，但是那里的基础设施，如商店、餐饮、娱乐场所等还不健全，他们担心在那里生活会不方便。这种疑虑影响了楼盘的销售。

为了消除客户的疑虑，汪海要求团队根据这些客户反馈重新制订销售方案。

但是，当团队成员把新的销售方案拿出来时，汪海发现，这些新销售方案里并没有充分考虑此前遇到的问题。例如，并没有对楼盘周围新增的超市、餐馆、咖啡厅、电影院等生活设施进行充分的宣传，而只是把宣传广告的画面做得更加精美，对房屋的布局做了更细致的文字介绍。

在这种情况下，他并没有着急，在团队会议上，他首先表扬了这些新方案的优点，指出这些新方案在图案设计上更加醒目，在色彩搭配上更加丰富，文字描述也更加细致，楼盘的特点非常清晰。

不过，在表扬了这些优点之后，他又指出："新方案并没有把两年以来楼盘周围新增的超市、餐饮、咖啡厅、影院等生活娱乐设施加进去，没有体现出在这里生活的便利性。"

听到这样的批评，团队成员们都觉得合乎实际，很有道理，欣然接受了他的建议。

随后，汪海又和团队成员一起，重新设计了宣传广告，这次，广告突出了小区周围便利的生活设施特点。他们把这个广告投放在电台、网络和室外宣传渠道，这一次，起到了良好的效果，公司的楼盘销售不旺的情况得到一定程度的改善。

在团队里，要学会放大别人的成绩，减小错误。这是因为，每一个人都有希望得到别人肯定的心理。

从社会心理学的角度来说，我们每一个人都不是孤立存在的，每一个人的信心，有很大一部分人来自别人对自己的肯定。这就好比一棵大树，它看上去健康、茁壮，郁郁葱葱，惹人注目，但这都离不开它的那埋在地下的、盘根错节的树根的支持。

在团队里也是一样的，每一个人都希望自己的能力得到其他团队成员的认可，这对于他们的成长至关重要。这种强大的心理支持，会激发出他们的工作热情，促使他们以十足的信心投入工作中。所以，不能总是一味地批评别人，而是要学会观察，多发现他们的优点。放大成绩，减少错误，这样才有利于构建融洽的团队氛围，使团队走向成功。

## 先赞美对方工作上的优点

如果你确实想批评一个团队成员，首先要注意自己的态度。不良的态度，如怒吼、大吵、责备，会让对方不知所措，而且对于解决问题毫无帮助。其次要仔细了解对方的方案。因为批评别人的目的是纠正问题、改进工作，不是发发脾气了事，所以你必须做到对他们的工作方案有充分的了解。

比如，在一个 IT 项目团队里，你发现一位团队成员的工作出现问题，那么，问题出在哪里？是软件的使用界面不够简洁、大方？是功能不够完善？是软件的使用操作流程不够合理？是编制过程拖沓冗长……当你了解了这些问题之后，可以就这些问题批评对方，有的放矢，更容易让对方接受。

切记不要上来就不由分说地向对方宣泄一顿，这样对改进工作毫无助益。在批评之前，可以赞美对方的优点，再提出改进意见。你可以这样说：

“你这个软件的界面设计得很大方，但是功能按钮排列得不够合理。”

“你的软件操作流程设计得很流畅，但是有些重复的部分，过于烦冗。”

先表扬，再指出对方的问题，会让对方更容易接受。

批评别人不是目的，目的是让对方改正。当你指出对方的问题时，可以一同提出自己的建议，帮助对方改正。例如，在 IT 项目团队里，你可以就软件界面、功能按钮、软件操作流程、编程技术等提出切实可行的建议，这对于改进工作会很有好处。团队的工作是一个整体，须靠每一位团队成员协同努力，只批评，不提建议，无助于团队的协作。

## 发现对方性格上的优点

在团队里，应该多观察和了解每一位成员。知道他们的性格、爱好、特长等，然后就可以在适当的时候给予夸赞。比如，有的人做事缜密，可以夸赞他们："你很认真。"有的人喜欢跑步、锻炼身体，可以夸赞他们有活力、有运动气质；有的人活泼、爱说爱笑，可以夸他们性格可爱；等等。发现别人的优点，经常进行赞美，有助于在团队中建立融洽的气氛。

可以多称赞对方的内在特点：

思维上精明能干、细致认真、擅长表达、做事老练、机智灵敏、通晓古今等。

性格上宽宏大量、沉稳厚重、乐于助人、性格豁达、乖巧可爱、善解人意，都是可以夸赞之语。

个性上超然洒脱、幽默风趣、观点新异、拥有独立思维等。每个人都有与别人不一样的一面，如果你能够发掘出对方的个性，并认真去赞美的话，会得到他们的认可，这也是一个与别人沟通很重要的技巧。

## 夸赞对方时，态度要真诚

夸赞对方时，要表现出真诚的态度。所谓"真诚"，就是要发自内心，让别人切实感受到你确实了解他们，喜欢他们的方案。

夸赞对方时，身体要正直站立，挺直胸膛，目光正视对方，与对方有目光的交流。语气要自然，态度要大方，声音要洪亮，能够让对方听到。说话时不要太快，要让对方听清。不要扭扭捏捏、吞吞吐吐，让人觉得你不是发自内心。也不要东张西望，给人心不在焉的感觉。

总而言之，在团队里，不要一味地进行批评，应该放大团队成员的成绩，多原谅错误，发现别人的长处，多夸赞别人，激发团队伙伴的工作热情，与之建立良好的关系，共同完成团队的目标。

# 第四章

## 高瞻远瞩——团队核心决策力

# 知道你要做什么——明确目标

**经典案例：**

周阳是一家保险公司事业部的团队负责人，团队主要负责向本地客户推销医疗保险、车辆保险、家庭财产保险等险种。6月的时候，公司准备制订下半年的工作计划，要各部门提出下半年重点发展的险种。

怎样才能把下半年的工作做好呢？周阳为此进行了反复的思考。他意识到，车辆保险与医疗健康保险可能是团队下半年工作的重点目标。对于车辆保险，因为现在购车的人骤增，车险的市场很大；对于医疗健康保险，现在人们对健康的要求越来越高，都希望能够当疾病来袭时，有充分的医疗保障。

在与团队讨论工作计划时，他向成员提出了三个问题，请他们讨论。

1. 下年你想重点发展哪些保险业务？
2. 这些保险业务的客户对象是谁，有怎样的保险需求？
3. 把保险推销给这些客户，你的优势是什么？

听到这三个问题，团队成员展开了热烈的讨论。他们各抒己见，对本地保险客户的特点、需求，进行了充分的分析。结果，大家的观点不谋而合。

有几位团队成员指出，本地的一些中小企业的经营者，以及一些经济条件较好的公司白领，他们大都已经购车，车险正是他们所关心的。同时还指出，本地的一些中老年客户，由于年龄的增长，对于健康情况特别关心，希望能够得到充分的医疗保障，如果能够针对这些客户开发出适合他们的险种，会很有吸引力。

一结团队成员还提出，本保险公司在本地市场经营多年，服务周全、信誉好、理赔快，有着良好的口碑。同时，他们在长期的销售中建立了良好的客户关系，便于开展工作，这都是他们下半年工作的有利条件。

几次团队会议之后，周阳与团队成员一起确定了下半年工作的重点目标，即着重发展中小企业业主、公司白领及中老年客户，为他们量身定做车险与医疗保险。

团队为此专门设计了保险细则、宣传文案，然后有针对性地展开了销售，在下半年着力推广，最终取得了良好的市场业绩。

心理学家认为，明确的目标会为行动指出正确的方向，帮助我们在成功的道路上少走弯路。心理学家曾经做过一个调查，对那些在各个领域取得杰出成就的名人，包括企业家、政治家、商人、律师、演艺明星、运动明星、科学家、艺术家等进行了访谈，请这些人回答一个问题："是什么使你走向成功？"

结果，这些人在沉思之后，无一例外都给出同样的回答，那就是："有目标，并且坚持。"

这些成功者在回顾自己的成功经历后指出，其实，在成长的道路上他们并不是没有遇到挫折，相反，他们遇到过数不清的困难。当遇到这些困难的时候，虽然也有短暂的气馁，但是，当想到自己的目标、将要达到的结果，他们就会重新振作起来，坚持下去。别人都放弃了，但选择坚持下去的他们最终到达了成功的彼岸。

心理学理论认为，目标能够激起人们的动机，充分调动人们分析、归纳、总结、推理等认知与思维功能，促使人们预想自己的行动，为实现这个目标而努力。就好像黑夜里的一盏明灯，能够为人们指明前进的方向，让人们为它而努力。

事实上，缺乏目标、漫无目的，会阻碍我们的行动，甚至可能导致一事无成。

有这样一个故事，一位父亲，带着三个儿子到草原上打猎。在到达草原开始行动之前，父亲向三个儿子提出了一个问题："你们现在最想做的是什么？"

老大回答道："这样美丽的大草原，我最想做的是到大草原上走一走，看看这美丽的风景。"

老二的回答是："我很疲惫，我现在最想休息一下，好好睡一觉，然后再决定做什么。"

老三的回答只有一句话："我现在最想知道我的猎物在哪里。"

然后三个儿子分别行动。结果，只有老三打到了兔子。

在目标明确的情况下，我们会把事情做得又快又好，这就是心理学里的"目标效应"。清晰、明确的目标会让我们的意志坚定、行动果断，而没有目标，或者目标不明确，则会让我们变得犹豫、迟疑。

那么，作为一名团队领导者，该如何设定你的目标呢？

## 团队的目标要清晰、明确

团队的目标一定要清晰、明确。比如，在销售团队里，你要为团队指出一段时期内的销售额要达到多少，你的团队最重要的客户是谁，要对谁展开最有针对性的营销；在 IT 项目团队里，要为团队指出，你们将开发一款什么样的手机应用软件，这款软件将有怎样的操作界面，以及使用者对这款软件有着怎样的要求；在车间生产团队里，要为团队指出，你们将生产一种怎样的产品，它具有哪些功能，这些功能能够为客户带来哪些便利……

把这些内容都详细列出来，让它们尽量清晰，就等于给团队描画了一幅工作的蓝图，只要大家照着这幅蓝图去行动，就可以把目标变成现实。

目标越清晰具体，团队的工作方向就越明确。让团队知道努力的方向是什么，然后坚定去做，直到成功。

### 与团队成员一起制定目标

在制定团队目标的时候，应该让你的同伴们一起参与进来。团队是一个协同一致、共同努力的整体，共同的目标可以激发每一个人的热情，你可以召开团队会议，进行头脑风暴，鼓励成员们积极发言。对每一个不同的意见进行认真的讨论，直到达成共识。这样，就形成了一个每个人都接受的目标。因为这个目标是经过大家讨论共同认可的，在工作时，大家就会不遗余力、充满热情地去实现它。

### 为每一名团队成员设定目标

团队是一个高度分工与协作的整体，作为团队的领导者，你不仅要了解团队的整体目标，还要为每一名团队成员设定个人的目标。只有每一个人发挥出自己的作用，才能够保证整体目标的实现。

你需要知道每一名团队成员的性格、兴趣、能力、特长、知识经验等，把他们安排在合适的位置上，然后把他们的目标列出来，让其目标与团队的整体目标一致，团队的工作就会有序地进行。

### 列出实现目标遇到的障碍、如何克服，以及需要的知识技能

在设定团队目标时，还需要考虑：在实现目标过程中可能会遇到哪些阻碍？为了克服这些阻碍，需要怎样的人力、技术支持？“凡事预则立，不预则废”，对于各种可能遇到的问题都要进行充分考虑。

只有认真准备，以后在实施时才能顺利进行。

对于实现目标时可能用到的知识和技能，应该通过培训、看书学习等方式让团队成员加以掌握，或者通过团队会议相互讨论，相互学习。

概言之，要记住，作为领导者，你需要时时知道团队的努力方向是什么，确立团队的目标愿景，充分调动每一名团队成员的热情，激发他们的潜能，让他们朝着这个目标努力，让团队走向成功。

## “凡事预则立，不预则废”——制订周密的计划

**经典案例：**

尹平是一家网络游戏公司的开发团队负责人。最近，团队接到一个任务，要开发一款攻战类网络游戏。游戏以我国古代三国时代为背景，玩家分别扮演魏、蜀、吴三国的将领，带领军士拓荒、农垦、训练、征战、拓展领土。

尹平曾经参与过数款网络游戏的开发工作，积累了丰富的经验。他深知，想把游戏开发成功，周密详细的计划不可或缺。有一份详细的计划，团队就能够预先规划需要做的工作，按时间、分节点把工作做好。因此，在开发工作开始之前，他就投入了大量的精力去认真准备这份计划。

他把游戏开发的工作分成几个部分，包括人物与故事情节设定、图形界面设计、后台技术处理、游戏测试等。

在有了一个大概的框架之后，他把自己的这个粗略的计划拿到团队会议上，请团队成员进行热烈的讨论，进一步明确每一步的工作任务。

经过这样的过程，基本上就把团队在开发工作中的主要任务列了出来，然后，尹平又根据每一名团队成员的经验、技术特长，为他们分配了任务。比如，有的人创造力比较强，就让他们主要负责故事情节策划的部分；擅长美工的人，请他们来进行游戏图案的处理；擅长技术流程的人，请他们来负责软件的技术开发。

最后，尹平又根据开发工作的整体时间要求和每部分工作的顺序制订了大致的时间进度表。这样，就形成了一份很周密的开发计划。

在随后的半年里，团队根据这份开发计划开始了紧张有序的工作，在工作的过程中，又根据需要随时补充、调整与修正计划。

最终，在半年之后，这款游戏成功上市，取得了很好的市场反响。

著名的心理学家布鲁德斯曾经说过一句话：“我们每一个人都有一个目标，它如同一座灯塔，指引着我们航行的方向。但是如果你想到达彼岸，只有方向还不够，还必须有一幅航线图。”可以这样讲，这个航线图就是我们的计划。

你已经有了团队工作的目标，已经描绘出美丽的愿景，那么怎样把这个愿景变成现实？愿景还只是一个模糊的图像。你驾驶一艘航船，想要到达彼岸，路上你将经过哪条航线？可能会遇到怎样的天气、海流，需要多少船员来辅助你驾驶这艘船，需要多少油料，经停哪些港口来补给食物和水？

……

没有计划，即使你有再好的目标，也无法把它变成现实。

成功者从不盲目行动，总是善于制订计划，依据计划按部就班地采取行动。心理学家发现，没有哪一个成功者在做事情的时候是盲目的。成功者总是充分考虑工作的每一步，任务要在什么时间完成，需要哪些支持，需要调配哪些团队成员，过程中会遇到哪些阻碍，要怎样克服阻碍，需要多少经费，等等。做计划就是根据你的目标去安排工作进度的过程，它给你指明前进的方向，帮助你提前考虑工作的细节，从容不迫地行动。

高效率、高成果的工作总是与周密详尽的计划密不可分。心理学家非常强调计划的重要性。

团队工作必须要有计划，以保证工作能够有条不紊地进行。在执行计划的过程中，还需要根据目标实现的情况和条件要求进行调整，以免犯下“刻舟求剑”的错误。可以说，学会计划，是每一个团队领导者不能缺少的能力。

### 构思行动的细节

为了制订出一份周密可行的计划，你就必须学会构思行动的细节。比如，你想推销一种牌子的冰激凌，那么这种冰激凌都有怎样的口味？它的销售对象是谁？你打算为它进行怎样的包装设计？在推广它的时候，你打算进行怎样的广告设计？你打算把它的价格定在什么标准……在充分考虑了这些细节之后，再一步一步把它们列出来，这样就形成了一份计划。

越是进行过精细的构思，计划就越是详细可靠，当你采取行动的时候，就越是坚定有力。做计划是一个周密思考的过程，它会帮助你把模糊的想法落实到书面上，让它清晰化，帮助你思考应该做什么、如何做，有哪些条件可以保证去实现目标。正是因为充分思考了这些问题，你在面对复杂的挑战时，就可以自如应对。即使是计划做得不够好，也不是在浪费你的时间，就好像我们无法一笔画好一幅画，计划也需要不断完善。一份不够周密完善的计划，可以成为一份优秀计划的起点。

### 列出每一步的行动、所需要的资源支持

如果你想盖一座房子，就需要知道什么时候打地基，什么时候砌墙壁，什么时候盖屋顶，什么时候安窗户。每一步都需要哪些材料，如水泥、砖、瓦、钢筋，需要哪些人来做这件事。

为团队做计划也是如此，当你制订一份计划的时候，需要知道团

队的工作分为哪几部分，每一部分都需要哪些技术支持，由谁来负责，需要在什么时间完成。

列出计划的时候，应该尽可能地把每一步的行动所需要的资源、技术支持都列出来。

### 为每一名团队成员制订计划

除了团队的整体计划，每个团队成员还要有自己的计划。团队的工作就像是一棵大树的主干，但是只有这根主干还不够，还需要有大树的枝叶。每一个团队成员都应该把个人的计划与团队整体的计划结合起来，团队才能成为一个强有力的整体，保证团队工作有序地进行。

### 学会对自己的生活做出规划

生活中应该有意识地提高做计划的能力。

一个人做出计划的能力代表了他对生活的洞察力和前瞻力，优秀的团队领导者也是能够做出周密计划的人。比如，一开始可以做个时间跨度比较小的计划，晚上看电视的时候，想一下第二天团队中有哪些工作要做，要与哪些人打交道，需要与谁商讨问题，需要把工作交接给谁，等等。也许只是几分钟的时间，但养成习惯之后，你会形成遇事提前思考的习惯，工作起来也更有章法。不必一开始就做一个长远的计划，因为“千里之行，始于足下”，如果不能够实现短期的小计划，长远计划也只能落空，通过小计划的实现来提高自己的能力，然后再去实现大的目标。

总而言之，要记住，仅有宏大的目标、美好的愿景还不够，还需要学会做计划。在生活中提高遇事提前思考的能力，学会计划将来，会让你的团队工作更有条理。

## 学会分工——给每个成员明确任务

**经典案例：**

王卫是一家广告公司的经理，公司主要负责电视广告的拍摄与后期制作。公司里有5名成员，分别负责场景布置、现场拍摄、后期电脑制作等工作。

由于公司处于初创期，许多事情都缺乏经验。从约见客户，到现场拍摄，再到后期制作，几乎每一件事情都需要王卫插手，他每一天都要在不同的工作之间来回切换，忙得不可开交，这让他感到非常疲惫。而且因为照顾不过来，时常会有差错，导致现场拍摄的效果不理想。

王卫渐渐地感到，这样下去不仅自己会很疲劳，工作效果也难以得到保证。他经过仔细的考虑，决定把工作进行明确分工。

对于拍摄的场景布置，主要交给团队里的小张来完成；对于广告拍摄工作，交给摄影师小马来完成；对于后期电脑制作，主要交给擅长美工的小李来完成。团队中的其他两人协同这三人进行工作。

自己则主要负责约见客户、拉项目，以及对整个团队的工作进行统筹管理。

经过这样的分工，每一项工作都有人专门负责，他的任务一下子就减少了很多。原来要每天七八点才能够完成的工作，现在五点就可以完成，不用再每天加班。团队工作井然有序，收入都增加了，拍摄的广告质量也得到了保障。

如果想成为一名成功的团队领导者，你就必须学会为团队进行合理的分工。

心理学认为，每一个人的心理与身体的能量都是有限的，难以同时做很多事情。我们都知道一个道理，即做事的时候不能分心，这是因为分心以后就无法保持专注，就会影响工作效率。当我们集中精力做一件事情的时候，往往比同时考虑、去做很多事情效果更好。这就是心理学中的“专注原理”。这就好比一条大河可以承载一条大船，但是如果它分成许多小溪，即使是支撑起一叶小舟也会很吃力。

所以，在团队里，领导应该对团队工作进行分工，让不同的人负责不同的工作。

有一位著名的经济学家，他经营过一家钢针的生产企业。钢针生产有拉丝、锻直、磨尖等几道工序。他在长期的经营中发现了一些有趣的数据：如果每个工人都分别独立地完成拉丝、锻直、磨尖这些工序的话，1 个工人每天最多只能造出 200 根钢针。但是，如果是让 3 个人分别从事这些生产环节的话，那么 3 个人每天一共能够生产 3000 根钢针。而在原来，这 3 个人每天最多只能生产 600 根钢针！

无论你是在销售团队、项目团队，还是在车间生产团队里，学会分工，都将大大提高效率，让你的团队更有成绩。

心理学认为，由于时间、精力等各种因素的限制，人们往往只能够专长于某一类型的工作，因此，把专门的工作交给专门的人来负责是非常必要的。分工意味着提高效率和更好的劳动产出。但有些团队领导者，由于思维定式的限制，未必能够意识到分工的重要性。

可以按照下面步骤分析团队的日常工作，并且进行合理的分工。

### 搞清楚团队的工作有几个环节

例如，在一个 IT 项目团队里，你正在开发一款手机应用软件，那么开发分为哪几个部分？可能包括有用户需求分析、软件界面设计、软件功能按钮与操作流程设计、编程开发等多个环节。

在进行团队分工的时候，你必须搞清楚团队工作有哪几个环节。每一个环节的工作特点都不相同，如前例，在用户需求分析环节，需要更多的是客户心理、市场调查的知识；在软件界面设计时，需要更多的是美工知识；在编程开发阶段，需要更多的是程序语言知识；等等。

熟悉了每一个工作环节，再把它们交给能够胜任的人去完成，就好像把一部机器的每一个零件都恰好安在最适合的位置上，然后机器就能够流畅地运转起来。

### 对团队工作的每个步骤进行研究和分析

为了能够进行合理的分工，应该对团队工作的每一个步骤进行科学的研究。比如，你正在想把一种口味的酸奶饮料推销给客户，那么分为哪些步骤呢？首先，要进行市场调查。搞清楚这种饮料的口味适合于哪些消费群体，是儿童、青年人、还是老年人，了解他们的消费心理，熟悉他们的需求与习惯。其次，在广告设计与宣传的环节该怎么做？设计一款什么风格的宣传广告？用怎样的图案和宣传语，才能够让它看起来更加醒目？当这些工作都已经完成之后，下一步就是要把它推销给客户，那么通过哪些渠道来进行？是超市、商场、路边便利店还是网络购物渠道等。

### 选择合适的人去负责不同的环节

团队是一个高度分工与合作的整体，在团队里，每个人都有着不同的经验、背景、特长，每个人的性格、兴趣、爱好也各不相同。应该根据不同的工作要求，把他们分配到不同的环节当中去。在前面的例子中，擅长客户心理的人来做市场调查的工作；擅长美工设计的人来准备广告文案；擅长沟通与销售的人来做销售与推广的工作；等等。

把每一个人安排在最适合他们的位置上，使团队工作的链条紧密地联系在一起，紧密配合，工作得以有序进行，发挥出“1+1>2”的效果。

### 分工之后要加强协作

团队的工作靠每一个人的单打独斗很难完成，在进行科学的分工以后，还应该加强团队的协作。可以定期召开团队会议，在会议上，让每一个人进行头脑风暴，充分发言，让团队成员之间得到充分的沟通，形成起一种宽容、理解、互助的气氛，共享信息、知识、经验，相互支持，共同解决难题。

总而言之，要记住：如果想让团队的工作高效率进行，你就必须学会分工，让每一个人负责专门的工作，在集中精力做好自己的工作的同时，再加强协作，团队才能走向成功。

## 选择有真才实学的人——为你的团队选择最合适的人

**经典案例：**

史伟是一家网站制作公司的技术经理，最近，团队正在开发一个购物网站，主要面向儿童教育市场，经营婴幼儿教育书籍、益智玩具，由于开发的时间很紧急，四个月之内就要完成并投入使用，急需要一批懂技术、经验丰富的计算机程序员。

史伟通过公司的人力资源部门，在求职网站上发布了招聘广告，提出了以下几点条件：

1 有着优秀的技术能力；

2 有着丰富的项目经验；

3 有团队合作精神，乐于共享，相互支持。

在招聘广告发出后，很快就收到了几十份简历。史伟仔细阅读了这些简历，发现其实中不乏一些名牌大学的高才生，但也有一些求职者只毕业于普通的学校，资历背景很平常，不过，这些毕业于普通学校的求职者虽然资历一般，但是项目经验很丰富，有不少人参与过一些大型网站制作。

经过反复的思考，他认为不该只凭学历招人，而是应该考察他们的实际工作能力。在布置面试的时候，他同时向那些名牌大学的高才生和普通的求职者发出了邀请。

在面试结束之后，综合各种条件，史伟决定不该唯学历至上，而是应该根据求职者的实际能力、面试表现进行选择。他聘用了 4 名资历背景并不出众的人。

在此后四个月的开发工作中，这 4 个人表现出很强的技术能力与合作精神，积极敬业，在团队工作中起到了关键的作用。

四个月后，购物网站成功运行，取得了良好的销售成绩。

为了让团队获得成功，你就必须拥有优秀的同伴。那么，什么样的人才最适合你的团队？

心理学认为，一个人是否有真才实学，不能只看外表，要根据他们的实际能力、在工作中的表现做出判断。

心理学家发现，一个成功的人，往往思维灵活、理解能力强、反应敏捷、经验丰富、擅于思考和举一反三，尤其是具有很强的解决实际问题的能力。在面对困难的时候，他们能够不遵循常规，仔细分析形势，很快找出解决问题的办法。他们还性格乐观、不轻易向困难低头，有合作精神、擅长沟通，懂得相互体谅、相互协作，与同伴共同努力、解决困难。他们还擅长学习。一个人的知识总是有限的，面对具有挑战性的任务，优秀的人才能够边工作、边学习，在实际工作中丰富自己，让自己成长为一个拥有强大能力的人。

不当的用人方式可能会造成严重的危害。

三国时期，蜀国丞相诸葛亮集结重兵于汉中，准备北上讨伐魏国。街亭是汉中的战略要地，诸葛亮的粮草运输都要经过此处，可以说它是蜀军的生命线，必须力保不失。

诸葛亮再三斟酌，决定由马谡镇守街亭。马谡饱读兵书，很有才华，和诸葛亮的关系也很好，但一点实战经验也没有。他率军到达街亭后，对军情做出了完全错误的判断。他下令大军在山顶上安营扎寨，想依托天险阻抗魏军，等待诸葛亮的大军前来接应。

蜀、魏两军在山前对峙。魏将张合攻山不下，于是断绝马谡的取水之道。不久蜀军断水，不战自败。此时诸葛亮大军刚刚行至祁山，还没有来得及与魏军正面交锋，就被迫无功而返，随后，诸葛亮挥泪斩马谡，以责其失街亭之误。

因为用人不当，导致了整个军队的失败。所以，在团队里，一定要任用那些有真才实学的人，切勿只凭自己的好恶，不看才能，影响整个团队的成绩。

可以下面的标准去为你的团队选人。

## 丰富的工作经验

人们常说："老马识途。"经验是一个人最宝贵的财富。优秀的人才大都具有丰富的工作经验，如在销售团队里，他们拥有强大的客户心理知识，了解客户最需要的是什么；他们掌握着丰富的广告设计经验，知道怎样与客户相处，懂得用怎样的话语能够打动客户。在 IT 项目团队里，他们有着丰富的编程知识，知道每一个软件的操作流程，懂得用怎样的技术才能够编出界面漂亮、操作简便、功能实用的软件。在车间生产团队里，他们对于原材料性能、生产加工工艺、质量管理都有着丰富的知识，一旦出现问题，能够很快地解决。

拥有了这些经验，等于有了一个强大的知识宝库，当团队遇到困难时，就能够迅速地从这个宝库中找到解决问题的钥匙。

## 解决问题的能力

对于人才，人们最关心的往往不是"你知道什么"，而是"你能够做什么"，即一个人的实际解决问题的能力。在团队里，任务都是不同的，难以用一个统一的套路去解决，这就需要你有很强的应对能力。例如在销售团队里，你面对的客户，他们的需求、性格、习惯、爱好，消费特点都是不同的，在对他们设计营销方案的时候，都要有针对性地进行考虑，难以用同一个模式去套用。这就需要你根据具体的情况，灵活做出对策，让你的销售行为取得成功。

所谓解决问题的能力，就是根据每一个任务的具体特点，提出解决问题的方案。团队的工作大都具有挑战性，如果都用同一种模式应对，则问题很难得到解决。能力强的人不会死抱书本，他们寻求解决实际问题，为团队带来更大的价值。

## 沟通合作能力

没有人能够单独地把每一件事情做好，团队的工作需要高效分工与合作。这就需要团队成员进行充分的沟通。所谓“滴水汇成大江、碎石堆成海岛”，把每一个人的知识、信息共享出来，你就拥有了更多的知识和更强大的能力。充分运用每一位团队成员的经验，进行头脑风暴，相互磨合，最终形成一个周密、细致的行动方案。一个优秀的人才必须具有乐观的性格、强大的沟通与合作的能力，恃才傲物的人对团队未必能有多大贡献。

在为你的团队选人的时候，必须考虑他们是否拥有合作精神。可以观察他们的谈吐，看是否能够进行积极的表达；观察他们与人说话的态度，看其是否宽容、善解人意；观察他们与别人相处的方式，看其是否亲和、乐于共享，是否具有共赢意识。为团队选择积极合作的人，能让你的团队变得更高效。

## 具有诚信精神

为团队选人的时候，还要看他们是否具有诚信精神。团队是一个高度分工与合作的整体，只有每一个人把自己的工作做好了，团队工作的逻辑链条才能够有序运转。选择那些有责任感、敢于承担风险的人，他们言出必行，能够履行承诺，在团队遇到困难的时候，他们能够挺身而出，为团队带来价值。

### 适合于自己的实际情况

在为团队选人的时候还要注意：不求最好，只需合适。穿鞋的第一要求是合脚，穿起来舒服，走起来稳健，团队领导者用人也是同样的道理。平实的人未必就不好，才华横溢的人不一定就是你所需要的。根据团队的实际情况，选择最适合团队的，才是最佳的用人之道。

总而言之，要记住，作为团队的领导者，应该学会发掘那些有真才实学的人，选择那些能够解决实际问题、具有合作精神的人作为你的伙伴。

## 不把权力都抓在自己手中——适当地授权

**经典案例：**

刘民是一家超市采购部的经理。超市的经营品种比较多，包括食品、生活用品、家用小电器等日用商品。刘民所在的团队负责为超市选择质量优良、物美价廉的商品，供客户选购。团队里有5名成员。

正值元旦期间，是超市营业的高峰期，采购部的业务量很大，每天都要发出大量的订单，接到很多货物，团队一直很忙。

刘民的团队里有两名助手，一个叫李东，一个叫王强。他们俩一个负责日常食品的采购，一个负责生活用品的采购。在工作中，刘民对他们俩特别伤脑筋。

一年之前，在他们二人来到公司时，刘民对他们进行了认真的培训，耐心地告诉他们如何对大量的供货商进行比较，选出客户满意、销售前景看好的商品。由于担心他们做不好，他还叮嘱他们在每一笔采购之前，一定要和自己商量。这两名助手也一直是这样做的。结果到现在快一年了，两个人仍然是不管什么事情都要来问他。

上个星期，王强又拿着一张采购单找到刘民，询问他的意见。这是一笔牙膏等日化用品的采购单，数额不到1000元。实际上只是一次例行的采购，完全可以是王强自行处理的，但王强仍对刘民进行了仔细的汇报，然后要刘民做决定。这让刘民感到很苦恼。

工作中这种事情很多。这两名助手不管采购什么物品、采购多少，都会找到刘民，要他做决定。而这些大都是例行的采购，刘民实在无暇顾及。

不过，在认真进行总结之后，刘民意识到，是自己的授权不够，导致李东和王强如此依赖他进行决策。此前，因为担心两人的工作经验不够，刘民一直要他们两人不管什么事情都要向自己汇报，他们也是这样执行的，结果反倒妨碍了他们的独立性。

在意识到问题之后，刘民做出了改变，他决定向两位助手授权。他提出了两点授权要求：

1. 在采购时，如果商品的总金额低于1000元，不必向自己汇报。

2. 如果是例行性的采购，只需要每星期汇报一次即可，不必每一次都汇报。

在授权之后，刘民不再需要每笔采购都参与，只是定期检查两个人工作完成情况即可。结果刘民发现，他的工作量减少了一半，再也不用每天为一些琐事烦恼了。与此同时，团队的工作效率也提高了。

如果想让团队成功，你就一定要学会授权。如果把团队比作一个人的身体，身体的每一个不同的部位都有它们的功能，如双腿负责行走，双手负责工作，心脏负责血液循环，肺负责呼吸，胃负责吸收与消化食物，大脑负责思考，等等。如果没有每一部分的分工，我们的身体将无法协调行动。

团队也是如此。团队是由具有不同知识、经验、能力和特长的人组成的，每一个人在团队中都有一定的作用。作为团队的领导者，不能把所有的权力都抓在自己手中不放，使团队职责不清，不仅增加自己的工作量，也会让团队的工作效率受到影响。

在团队里一定要学会授权。把适当的工作交给别人去完成，不要不管大事小情，都抓在自己手里。

心理学家通过研究发现，团队领导者在授权时往往有三个心理误区。

误区一：认为别人的水平不够，担心他们做不好。

有些领导者认为，别人无法真正理解自己的意图，把工作全都交给他们，怕他们做不好。

误区二：都让他们做了，还要我干吗？

一些人担心，功高就会盖主，如果别人做得太好，自己的位置就会受到影响。

误区三：与其让他们做却又做不好，还不如我全做了。“教会他们如何做，得花上好几天；如果自己做的话，几个小时就搞定了，还不如自己做更快些。”

其实，这些担心都是多余的。比如，对于第一种情况，如果你充分了解你的团队伙伴，授予他们能力范围之内的任务，且多给予帮助支持，就可以避免他们无法胜任。对于第二种情况，通过授权使自己从杂事中解脱出来，帮你赢得更多的时间去做重要的事情，更好地抓住重点。对于第三种情况，要想到，一个人的精力、能力都是非常有限的，你不可能把所有的事情都做好，适当授权，实际上是为了解脱自己，提高效率。

所以，在团队里，一定要学会恰当授权，使自己从烦琐的工作中解脱出来，让团队的运转更为有效。

### 为团队进行科学明确的分工

可以按照以下思路去分解自己的工作：

1. 你的工作可以分为几个步骤？每一个步骤需要怎样的技术、资源才能够完成？

2. 你的团队成员都有哪些专长？分别适合怎样的工作？该把每一部分工作分给谁来做？

3. 在目前的工作中，你一共有多少个团队伙伴？他们分别都负责什么样的工作？

4. 如果不同团队成员在工作中出现了冲突，有合理的沟通和解决机制吗？

分工是授权的基础，把团队工作分成合理的几部分，再把它们分别交给相应的人来完成，进行授权，能大大提高工作效率。

### 授权给合适的人

每一个人的能力、特长、性格、心理特点都不相同，授权的时候要选择合适的人选。

要根据团队成员的不同能力进行授权。对那些已具备了一定的独立工作能力或能力较突出的人，可以较大幅度地授权，而对那些经验不足的人，则要谨慎，可以给予较少的权力。

要选择踏实肯干的人，切勿授权给夸夸其谈、纸上谈兵的人，以免给团队工作造成损失。

### 授权要恰到好处，有计划、分步骤进行

当你担心授出权力以后团队伙伴无法胜任时，可以分步进行授权。例如在一个 IT 项目团队里，你想让团队伙伴承担一个手机软件的开发工作，又担心他做不好，那么，可以把这个开发工作分成几部分，如界面开发、功能按钮开发、操作流程开发及后台程序开发等，然后先授予他们较为简单的部分，观察他们的表现，如果其可以胜任，再进一步授权。

对于那些还没有足够成熟的团队成员来说，先授予较小的权力，观察其表现，再酌情增加。只有当他们的经验与能力足以胜任更大的责任时，再委以重任。

## 正式授权

授权最好公开进行，例如可以在召开团队会议的时候，先请团队成员讨论团队的分工。然后对于每一部分的工作，当众宣布由谁来负责。如果可能的话，可以用书面文件把授权的内容写下来，这对于团队成员来说也是一个约束，可以督促他们完成工作。

## 不确定的、有挑战性的任务要多授权

对于那些富有挑战性的任务，要多授权，给予团队成员更多的自由决策空间，调动他们的积极性，让他们主动思考，完成工作。

## 不仅要授权，还要监督

授权之后，要加强与负责人的沟通，随时了解他们工作的进展，但不要干预太多。可以多提指导性的意见，以结果论英雄。不要授权之后还大事小情一律插手，过多的干预会影响团队成员的积极性，失去授权的意义。

总而言之，要记住，在团队里，要把权力适当地分给团队成员，学会授权，合理进行分工与合作，才能够让团队的运作更有效率，最终走向成功。

## 群策群力——请团队成员一起决策

**经典案例：**

杨洋是一家儿童食品生产公司的经理，公司主要生产糖果、果冻等儿童食品。由于公司的业绩比较好，最近，杨洋想引进生产线，开发一种新口味的儿童营养饼干，投入本地市场。

但是公司并没有生产过饼干，她有些犹豫，担心如果开发不成功，会导致销售业绩不佳，但是她又不想放弃这个市场。

杨洋自己先在本地进行了市场调查，在调查中她发现，在本地市场上，有几种巧克力口味的儿童饼干卖得很好。她认为这是一个突破口。不过，为了慎重起见，她打算把自己的想法放到公司市场部的团队会议上讨论一下。

在团队会议上，杨洋把自己的建议和盘托出：自己想开发一种巧克力口味的儿童饼干，主要面向本地及周边地区的孩子，并且对包装、重量、价格都提出了自己的建议。

在听到杨洋的介绍以后，团队成员们都很兴奋。他们根据自己的销售经验，也认为公司可以开发这样一种儿童饼干，不过，在对饼干的口味选择上，有些人提出了不同的意见。这些人认为，现在市场上的巧克力口味的饼干已经很多，虽然这类饼干的销路比较好，但是竞争也很激烈，如果再生产同样类型的饼干，在销售时可能会遇到较大的阻力。

团队成员们纷纷献计献策，就饼干的口味、包装、重量、价格，进行了热烈的讨论。最后大家一致同意，开发一种内嵌葡萄干的奶油口味的饼干。

经过周密的准备，半年之后，这种饼干成功上市销售，结果因为独特的口味、新奇的包装，一上市就取得了良好的销售成绩，受到了消费者的欢迎。

要领导团队走向成功，你必须学会利用集体的力量进行决策。

心理学中认为，整体的决策比一个人的决策更周密。每一个人的大脑由于知识、背景、经验的限制，都只能够处理有限的信息。就如同一只青蛙坐在井底，它就只能够看到小小的一片天。但是如果把每一个人的视角联结起来，就能够看到整个蓝天。

心理学家曾经做过一个实验。他们在一个房间里请来5个人，给他们看一组100张的识字卡片，上面写着“飞机”“汽车”“南瓜”“海马”等各种名词，在他们看了5分钟之后，把这些卡片拿开，然后要求他们把自己能够记住的名词写下来，允许相互之间进行商量。在这5个人完成实验之后，心理学家又单独找了一个人参与实验，也让他看5分钟，然后同样要求他尽最大可能把记下来的名词写下来。

结果发现，在5个人一组的情况下，这100张识字卡片上的词，通过相互的补充和提示，约有90个能够被回忆起来，而在只有一个人的情况下，能够记起来的只有七八张卡片上的词。

这个实验说明什么？它说明，多个人在同时考虑一件事情的时候，能够提供更充分的信息。

当你要求团队成员参与决策的时候，你调动的不再是一个人的知识库。你会把信息传递到别人的大脑里，与他们产生共鸣，他们也会迅速地在自己的大脑里进行检索，因为他们的记忆库中有着与你不同的内容和储备，往往可以很快地把你需要的信息找出来。

还不仅是如此。他们还会运用自己的逻辑思考和推理能力，对这些信息进行更进一步的加工，形成新的奇思妙想。当你们相互交流的时候，不同的想法进行碰撞，然后你会发现，一个新的、更加成熟的方案形成了，它的效果，将远远超出你的预期。

这就是团队决策的价值。

所以，要运用集体的力量进行决策，发挥出团队的最大价值，让别人的知识经验，成为你的知识经验。在这个过程中，你会发现，你的知识、能力会成倍增长，这是因为发挥了“1+1>2”的效应。

### 让每一个团队成员参与决策

团队领导者在进行决策的时候，往往会有一种不自觉的倾向，那就是急于让别人接受自己。比如，在销售团队里，你可能急于让别人接受你的一个保健品的销售方案；在 IT 项目团队里，你可能想让别人立刻同意你关于一款手机游戏的设想；在车间生产团队里，你想让别人接受你对于一个零件的生产流程安排……我们总是急于让别人接受自己，不自觉间就在抢占主导地位。

但要记住一点，一个人的知识、经验和获得的信息是有限的，一个人的思考能力也是有不足的。不能只看到自己，忽视了别人。应该要求每一个团队成员参与决策。可以发出这样的邀请：

“希望能够听到你的想法。”

“你对这个问题有什么意见？”

“这是我的想法，你是怎么看的？”

用这样积极、热情的话语鼓励团队成员积极参与、主动思考，把自己的想法和方案贡献出来，就可以得到一个更加周密的方案。

### 学会倾听别人的发言

在团队会议上，要学会倾听别人的发言。有的人总是性子太急，听到对方说了几句，就以为已经了解了其全部意图，于是迫不及待地打断对方，然后滔滔不绝地说起自己的看法。其实对方的话并没有说完，你还没有完全了解他的意图。这样做既不礼貌，也不利于沟通。让对方把话说完，在这个过程中你要耐心倾听，全面了解他的设想。

听每一位团队成员把话说完。在倾听的过程中，要用自己的分析、归纳、总结和判断能力，对他们的话语进行提炼，就好像我们看一本书一样，得出它的主旨。在这个过程中，你一定会发现许多闪光点，找到许多你从前没有想到过的创意，然后把这些创意和你的整合起来，就可以形成一个新的方案。

### 鼓励团队成员之间进行讨论

在团队会议的时候，要鼓励成员们进行讨论。例如，你的团队正在设计一款男式品牌西服的营销方案，那么它是面向哪个客户群体的？它是一款休闲西装，还是商务西装？它的价格定位是怎样的？它的面料是怎样的？通过哪些渠道可以让客户了解它？要制作怎样的广告招牌、宣传语等？就这些细节，请每一位团队成员进行充分的发言、讨论。然后你们就能够知道每一步该怎么做，形成一个缜密的行动方案。这个方案，比一个人或少数几个人做出来的要更优秀。

### 保持认真谦虚的态度

在团队成员讨论的时候，要保持认真、谦虚的态度。例如，身体坐直，在对方发言的时候正视对方，面部表情要专注，身体不要左右晃动，手里不要摆弄物品。

还要注意适当反馈，在听到对方讲到的一些重点内容，你认为合理时，可以轻轻点头表示同意；还可以在讲话的间隙和结束时，提出你的一些看法，可以用这样的方式去讲：

“我明白你的意思了，你讲得很有道理。”

“你说得很清楚，对我很有帮助。”

“说得不错，请你接着谈。”

……

如果你没听清，或者不赞成对方的观点，也同样可以表达出来，用委婉的口气继续追问。

概言之，要记住，团队是一个高度协作的整体，要充分调动每一个人的积极性，利用团队的智慧进行决策。

## 拥有影响别人的能力——用自信去影响别人

**经典案例：**

沈成是一家川菜馆的经理，他性格开朗、豁达、自信，不论他走到哪里，总是带来一阵热风，让气氛变得活跃起来，餐馆的经营团队都很信赖他。

餐馆位于一个居民小区的大门附近，地理位置好，交通便利，小区里有大量的居民。餐馆的装修以巴蜀农村风格为特色，经营的川菜以麻辣味为主，辅以各种川味小吃，色、香、味俱全，还有几道拿手的招牌菜。因为这个原因，餐馆的销售额一直很高。

在这种情况下，餐馆的经营团队经过讨论，一致决定另开一家分店。几经考虑，最终决定在一个商务写字楼附近租一个店面。经过周密的准备，连锁店开张了。

但是让经营团队感到失望的是，新餐馆开张以后，吃饭的人寥寥无几，尽管也采取了打折、赠优惠券等优惠措施，但是仍然没有明显的改善，大家都很着急。

在这种情况下，沈成保持了清醒的头脑。沈成从事餐饮业多年，有着丰富的经验，对这个行业有着高度的信心，在平时，他总是鼓励经营团队的成员："只要我们肯努力，就一定会把餐馆经营好。"在这种情况下，他并没有慌乱，他一方面保持着很高的热情，鼓励团队成员不要放弃，另一方面，在新店的周围进行了仔细的调查。

他发现，连锁店附近的楼盘以商务写字楼为主。中午的时候，写字楼里的工作人员大都以吃快餐为主。到了傍晚，很多人都离开写字楼，开车或者坐地铁回到家里吃晚饭，这样，到餐馆吃饭的人就很少。再加上新店开张，人们对餐馆的特色饮食并不了解。因为这些原因，导致客人很少。

在了解了这些原因之后，沈成召开了团队会议，在会议上，他把自己的调查结果列出来，鼓励大家一起想办法，设计新的销售方案，共渡难关。

在他的鼓励下，大家纷纷打起精神献计献策，很快就提出了新的销售方案：

1. 开发商务套餐

虽然附近写字楼里的人个人用餐需求不大，但是商务用餐需求量很大，如在会见客户时请对方吃饭、公司聚餐等。

2. 加大宣传力度

餐馆刚开张不久，积累的人气还不够，所以需要进一步加大宣传，包括重新制作宣传单，到写字楼里挨间发送；加大折扣和返券力量，由原来的每消费100元返20元，增大到每消费100元返30元，并在消费满200元时，赠送果盘等小礼品。

3. 增加盒饭供应

在中午，附近写字楼的盒饭需求量很大，餐馆新增了这方面的业务。

在沈成的鼓励下，团队成员重新振作起来，按照新方案去执行，经营状况很快有了好转。不仅商务用餐的人数大大增加，盒饭的销路也很好。

如果想成为一名成功的团队领导，你要变得热情、乐观、自信，用积极的态度去影响别人，让他们接受你，产生与你同样的信心，一起奋斗，直到成功。

心理学家研究过许多成功人士，这些成功人士广泛分布于社会的各个领域。他发现，这些在各个领域取得杰出成就的人，大都具有自信、开朗的性格，他们总能用这种自信去影响别人，把人们吸引在自己的身边，使他们认可自己，团结一致，为一个共同目标努力，直到取得成功。这种现象又叫“吸引力法则”。它的意思是说，如果一个人的内心是自信、乐观的，他就会产生一种影响力，能够影响别人的思维、观念，就好像一块磁石一样，人们都喜欢围绕在他的身边，与他一起走向成功。

所以，在团队里，一定要保持你的信心。

人们常说：“心态决定成败”，有怎样的心态，外在就会有怎样的表现。内心有阳光，表现出来就是热情、乐观；内心有自信，表现出来就是坚定、果断；内心全是疑云，表现出来就是犹豫不定。

当你在团队里做决策的时候，应该尽量表现出积极、阳光的特点。用积极的心态去影响别人，使他们产生同样的信心，相信可以取得成功，然后产生强烈的行动愿望，把团队的方案变成现实。

## 看到自己的优点

很多人只能看到自己的缺点。心理学家在调查中发现，那些在生活和事业上一事无成的人，在评价自己的时候列出的大都是自己的缺点，如外表不够英俊，身材不够高大，言语不够流畅，家庭不够富有；而那些成功的人则相反，列出的大都是自己的优点，如乐观、开朗、擅于沟通、乐于助人、热爱学习等。这不等于那些缺乏自信的人没有优点，只不过他们看不到自己的优点。消极的心态影响了他们，使他们失去了成功的机会。

所以，要正确评价自己，对自己的各个方面有一个全面的评价，发现自己的特长，且不可以偏概全。

要相信你是独一无二的。要经常这样对自己说：

"我是优秀的。"

"我很棒。"

"只要努力，我就可以成功。"

用积极的话语去调动自己，把自己各方面的潜能发挥出来，不仅自己会变得热情，整个团队也会变得活力十足。

### 多学习，增加自己的知识储备

如果你想做出一个成功的决策，就必须拥有强大的知识储备。

作为团队的领导者，应该随时学习，增加自己的知识储备，强大的知识储备可以让你的判断更准确，决策更加科学、合理。

总而言之，要记住，在团队里，要让自己表现得开朗、自信，这种心态就会影响你的团队伙伴，他们会主动地与你一起奋斗，把你的决策变成现实，直到取得成功。

# 第五章

## 激励你的团队成员——团队核心激励能力

## 急人所需——关心团队成员的需求

**经典案例：**

唐娟在大学期间学的是法律专业，不过毕业以后她并没有从事法律工作。她性格外向，喜欢与人相处，毕业后没有像其他同学一样成为律师。她精心筹划，开了一家婚庆公司。公司主要为新婚夫妇提供婚礼摄影、婚礼现场布置、仪式主持、现场演出安排等业务。

唐娟在大学期间就喜欢主持节目，学校里有节日会演常常会请她主持。她性格开朗，普通话标准，擅长表达，经她主持的婚礼，大都仪式庄重，演出气氛热烈、喜庆，服务周道，客户总是非常满意。因此公司的业务一直都非常好。

唐娟的团队有5名成员，分别负责婚礼现场布置、婚礼摄影、演出安排等工作，人手刚好能够满足业务的需求。尽管如此，在业务量大的时候，也要加班加点地准备。

最近一段时间以来，唐娟发现了一个问题，团队里的小李，负责开礼车和婚礼现场布置，他在婚礼的现场装饰、灯光布置方面很有经验。正值国庆黄金周期间，是新人登记结婚的高峰，小李一连请了好几次假。因为他的缺席，许多工作都做得不如从前合意了。

唐娟几次问小李：为什么请假？小李只是说家里有急事，唐娟就没再细问。但是有一次，唐娟从团队的其他人员口中得知，小李最近家里出了一些事情：他的父亲刚刚去世，家庭成员因为遗产分配的问题产生了一些纠纷，多次协商后仍然没有解决，小李因为这件事情很苦恼，分了心，连续几次请假也是因为一些家庭纠纷。

唐娟立即找到小李，仔细询问了他家里的情况。因为她是法律专业毕业，对这一类的问题很熟悉。她给小李提出了合理的建议，并找到自己同学所在的律师事务所，给出了非常有价值的帮助。

这样，小李的问题得到了解决，他又可以专心投入团队的工作当中了。公司的服务质量也得到了保证。

如果你想成为一名成功的团队领导者，就必须学会发现别人的需要。

人们常说："一把钥匙开一把锁。"每个人心里都有需求。如果你能够发现，就等于找到了人与人之间建立信任的桥梁。

心理学家海斯曾经做过一个实验。他来到一家制衣工厂，这家工厂里有很多女工，她们都从事衣服的缝制工作，车间的生产非常繁忙。海斯找到一些车间的管理者，告诉他们，从现在开始，你们要在车间里来回走动，不时地询问那些女工："你们干得怎么样？""有什么需要？""有什么要我帮忙的吗？"不时地帮助她们倒一杯水、递一把剪刀，在工作休息的时间与她们聊聊天，同时，还要他们承诺女工，工厂将建立一所幼儿园，凡是家里有孩子的女工，都可以在上班的时候把孩子放在幼儿园里。对另外一些车间的管理者，则要求他们在工作的时间站在车间里，不要随意走动，不要随便和女工们说话，脸上不要做出过多的表情。

结果发现，在那些随时与女工进行沟通、满足她们种种需要的车间里，女工们的工作热情很高，生产效率几乎是另外一个车间的1.5倍。

这个实验说明什么？它说明，如果我们能够时时关心别人，发现他们的需求，并适当满足，就可以起到相互信任、团结一致的效果。

如果我们能够发现别人的需要，并适当加以满足，也就找到了彼此心灵沟通的钥匙。

你的种种担心都是多余的，比如，“我的帮助真的有价值吗？”“他真的需要我的帮助吗？他对我的建议不感兴趣怎么办？”“他拒绝我怎么办？”等等。

当你提出一个建议的时候，尽管只是不成熟的想法，但是它表明了你的尊重、理解与关怀，就会引起别人的共鸣。每一个人都希望得到别人的关注。如果能够做到这一点，你的团队将变得富有凝聚力，工作效率也可以得到很大的提高。

### 观察别人的需求

即使是那些外表最严肃的人也需要别人的关怀，在生活中应该学会观察别人的需求。

例如，当你在咖啡店里，接过来服务员手中一杯热气腾腾的咖啡，不妨对她说一声：“谢谢。”此时，她需要的正是你对她付出的理解；在加油站里，工作人员为你的爱车加满了油，你正要驾车离开，不妨对满头大汗的他说一声：“感谢你的劳动。”此时的他，正需要你对他的工作的认可；在团队里，你接过团队伙伴递来的一份工作报告，那是他辛苦了一整天才写好的，可以对他说一声：“你辛苦了！”虽然只是一些微小的举动，但是反映的却是你对他们的理解与支持，会激发他们工作的热情。

作为领导者，你应该具有这种敏锐的发现别人需求的能力，这是你激励同伴的基础，使他们产生强大的工作热情，信任你，并愿意与你一起努力。

### 多与团队伙伴聊天

有的人会说：“我不擅长聊天，我不知道该说什么。”

其实这并不难。你可以在工作的休息时间，端起一杯茶，来到团队成员的身边，谈谈他们感兴趣的话题。你可以谈汽车、股票、足球比赛、时事新闻，可以谈房屋装修、美食、旅游、网上购物，每个人都会有他们感兴趣的事情，只要你擅于观察，总会找到他们感兴趣的事情。然后从这里入手，你可以继续询问：最近的工作是否顺利？是否有一时无法解决的问题？有什么困难和阻碍？个人生活是否顺利？有什么别人可以帮得上的地方？

……

经过这样的过程，你就会打动他们的心，让他们感到你始终在关注他们，在替他们着想，这样，就会激发他们的热情，产生与你一起努力的愿望，让团队变得更有活力。

## 分享你的信息和观点

在生活与工作中应该学会分享。团队是一个协作的整体，如果你有一条知识，把它分享出来，那么每个人都拥有了这条知识。如果每个人都愿意分享，团队就会变得强大。

无论是在生活中，还是在团队中，都应该学会分享。在与别人交往的过程中，可以主动地把你知道的事情告诉别人：

“对于这个方案我有一些设想……”

“我有一些想法，不知道你是否感兴趣？”

“我对这个问题是这样看的……”

你的看法，哪怕它是不成熟的，也会成为一次有意义的对话的起点。把你的信息、知识、经验分享出来，尽管看上去微不足道，却能在不经意之中对别人产生帮助作用，如果每个人都这样做，团队就会变得强大。

## 坦诚的心态

在分享知识与信息的时候，不要担心别人会拒绝。每个人的内心都有沟通的需求，你之所想，也正是他们之所需。把你知道的事情告诉别人，分享你的观点，他们就会感到内心变得丰富，得到了益处，就会感激你，也会信任你。

要记住一点，如果想成为一个成功的团队领导者，就要学会发现别人的需求，想别人之所想，急别人之所急，帮助他们，然后你的团队就会变成一个团结融洽的整体。

## 温情法则——关心比批评更有效

**经典案例：**

马柏是一家计算机软件公司的开发团队负责人。最近一段时间，他接到了一个任务，要开发一款手机视频软件。软件为用户提供一个平台，可以让用户自由上传他们在生活中录制的短视频，供别人观赏。以幽默、风趣、生活气息浓厚为特点。

在接到开发任务以后，马柏立刻组建了团队，除了团队原有的5名成员，他又新聘了两名开发人员，分别是小张和小王。

在开发工作开始以后，马柏发现了一个问题，从简历上看，小张有着名校的背景，学习成绩很优秀，但是在实际的工作中，他的经验并不多，只有很多理论上的知识。小张负责视频软件的界面设计工作，但是他设计的界面总是达不到马柏的要求。马柏希望这个软件看上去大方、简洁、操作简便，生活气息深厚，富有趣味感。但是小张设计的操作界面，看上去很单调、乏味，缺乏吸引力。

不过，马柏并没有批评小张，因为他知道小张的工作经验不足，一时无法做出让自己满意的成果。在团队里，他把时间更多地投入小张的工作当中。

马柏与小张一起搜集资料，研究其他同类软件的特点，反复尝试设计各种风格的界面，进行对比。还不时地询问小张："在工作中是否遇到什么困难了？"当小张取得成绩的时候，他还鼓励小张说："你做得很好，有进步。"他还组织团队会议，请大家一起对小张的工作献计献策。

在马柏的关心与支持下，小张很快适应了工作，成功完成了软件界面的设计。

半年之后，这款软件成功上市，取得了良好的市场反响。

如果想成为一名成功的团队领导者，你就必须学会关心别人。在很多时候，关心比批评更有效。

心理学里有一个法则叫“温情法则”。心理学家曾做过一个实验。他们在一所学校里找到了一些“坏孩子”，这些孩子性格调皮，上课不注意听讲，课间喜欢和同学吵架，放学不写作业，需要经常找家长，让老师十分头痛。老师几乎每隔几天就要把他们叫到办公室，批评他们一次。但是心理学家给老师提出一个要求：“从现在开始，你不要再批评他们，而是换一种方式。”具体地说就是减少批评他们的话，不再说“你真笨”“你真淘气”之类的话，而是改成说“你今天表现不错”“你有进步”等。与此同时，要求老师去发现这些“坏孩子”的优点，对他们进行表扬。比如，有的孩子擅长运动，则表扬他们“你很有运动天赋”，有的孩子爱表达沟通，则表扬他们“你的表达能力很强”。

心理学家要老师坚持这样做。结果过了两个月，老师惊奇地发现，这些“坏孩子”几乎无一例外地发生了转变，上课不再走神，课间不再打架，作业也能够按时完成，总之，有了明显的进步。

这个实验说明什么？它说明，我们对别人给予关心，往往比批评更有效。这就是心理学里的“温情法则”。

在团队里也是如此，团队是一个高度分工与协作的整体，团队成员彼此间的配合十分重要，就好像一部精密的仪器，离开了任何一个零件，都无法保证它的成功运行。关心与赞扬团队伙伴，能够激发其强大的工作热情，让他们乐于合作。

### 关心你的团队伙伴

通用汽车公司的总裁琼斯曾经在公司的生产车间里担任主任，有一次，他发现车间有一名员工闷闷不乐，看上去没精打采的样子，他负责的生产工序里总是出次品。琼斯问这名员工：“你为什么心情不好？”他只是沉默不语。后来，琼斯发现，这位员工特别喜欢看橄榄球比赛，于是就从橄榄球比赛方面入手与他进行交流，与他谈周末将要进行的比赛，猜测哪一方会赢，两个人很快有了共同话题。原来，这名员工只是最近一段时间因为家庭琐事感到烦恼，影响了工作。在琼斯的疏导下，他的烦恼消减了，对工作的热情提高了，次品率大大得到降低。

所以，了解你的团队伙伴，了解他们内心的想法、需求，去关心他们，你就可以激励他们与你一起努力。

### 发现别人的长处

在团队中，应该学会发现别人的长处。

有些人，在与别人交往时会不自觉地戴上一副有色眼镜。首先想到的就是别人有什么毛病，能找出什么缺点。其实不然，每个人都有长处，不能只看到别人的不足，看不到别人的长处。内向的人可能谨慎、认真；粗心大意的人可能热情、开朗；愚笨的人可能有韧性……

每一个人都有长处，要对你的团队伙伴有一个全面的了解，包括他们的性格、兴趣、爱好、能力、特长等，从中发现他们的优点。

### 先表扬优点，再批评缺点

当你接过团队成员的一份报告时，应该先学会发现它的长处，如格式工整、资料丰富、按时完成，然后再去提它的缺点，如考虑不够周全，分析不够透彻等。

发现别人的长处，先表扬对方的优点，然后再提出不足，便于别人接受。

### 多使用赞扬性的语言

在团队里，应该多鼓励团队伙伴，赞扬他们的长处，如：

“你说得真好，表达得很清楚。”

“你做得不错，基本达到了要求。”

“你的方案很全面，很细致。”

“你考虑得很充分，把各种可能都考虑进去了。”

……

用这样赞扬性的话，在彼此之间建立起信任关系。

### 认真理解别人的发言

当你与团队伙伴沟通时，比如，在销售团队里，你正在听取团队成员汇报营销方案，那么目标客户是谁？广告设计的创意是什么？产品价格定位是多少？为什么这样定价？用怎样的渠道去推广给客户……认真理解了他们的发言，然后有针对性地提出建议，让他们更好地完成任务，他们也会从心里感谢你。如果没有理解对方的发言就仓促地去提意见，结果是并没有提到关键处，还会让人误解为你在挑毛病，破坏了信任关系。

总而言之，要记住，在团队里，要多去关心、理解你的伙伴，关心、肯定的话语往往比批评更有效。

## 用沟通化解问题——如何有效地沟通

**经典案例：**

金然是一家汽车零配件公司的车间生产团队的负责人，团队主要从事齿轮、钢圈、雨刷器等各种汽车配件的生产。他工作态度认真负责、技术熟练，在他的领导下，车间生产出来的各种零配件质量优良，销路一直很好。

但是最近出现了一些问题。有一些客户反映，他们购买的雨刷器出现了咬合不紧密的情况，下雨的时候，车窗上的雨水无法得到有效的清理。

许多从前订货的客户纷纷退货，一时间积压了很多。退货的事情给团队带来了很大的压力，大家都愁眉不展，不知道该怎么办。

在这种情况下，金然并没有着急。他召开了多次团队会议，与团队成员积极沟通，鼓励团队成员不要泄气。同时请大家献计献策，想办法解决这个难题："是什么原因导致出现了这种质量问题？"

在团队会议上，团队成员们积极发言，有人提到，在前一段时间生产雨刷器的时候，使用的原材料——一种钢管，质量不如从前的坚硬，有变形的情况。

金然马上带领团队进行了排查，结果发现，因为原材料的质量不过关，导致生产的雨刷器与车窗的咬合不紧。大家团结一致，着力改进，雨刷器的质量问题得到了改进，客户们退货的情况也不再发生了。

要想成为一名成功的领导者，你就必须与团队成员进行积极的沟通，鼓励他们发挥出自己的力量，克服困难，走向成功。

心理学家发现，人与人之间的沟通往往可以起到让人意想不到的效果。

心理学家曾经做过一个实验。他们请一些人来参与一个游戏，在这个游戏里，他们要求参与者完成一个任务：把一整块打乱的拼图恢复原状。这幅拼图由几十块组成，在打乱之后，需要拼的人有很高的耐心与毅力才能够完成。

一开始，心理学家只要求这些参加游戏的人其中的一个来完成这个任务。这个参与者看到这样的游戏，一开始很有兴致。他把不同的图块摆来摆去，尝试不同的组合，试图把它们还原，但由于图块太多、太复杂，很快他就失去了耐心，放弃了。他向心理学家认输：不想再玩下去了。在单独参与游戏的时候，几乎每一个人都是这样的结果。

随后，心理学家又请这些人集体来做这个游戏，在游戏的过程中，鼓励他们积极讨论，彼此之间分享信息。这些游戏者每个人都在进行着不同的尝试，他们热烈讨论着，不时兴奋地喊出声来："我发现了这里是这样拼的！"他们还相互鼓励："别放弃，我们一定能够做好的。"

结果，不到 1 个小时，这些人就把整个拼图复原了。

这个游戏说明了什么？它说明，沟通能够产生强大的合作力量，能够利用集体的力量来解决问题。

团队是一个高度分工与协作的整体，面对具有很高挑战性的工作，团队成员必须共享信息，交流知识和经验，群策群力，才能够完成任务。作为团队的领导者，你必须学会鼓励团队的每一个成员贡献出他们的知识，相互支持，最终走向成功。

不管是在一个销售团队里，你和你的伙伴正在为一个销售方案的失败感到愁眉不展；还是在一个 IT 项目团队里，你的团队因为一个技术难题止步不前；或者是在一个车间生产团队里，你的团队因为一个质量问题而束手无策……这些问题都需要充分发挥集体的力量加以解决。

每个人种下一棵树，就能得到一片森林；每个人扔下一块砖石，就能阻断江河。每个人的知识都是有限的，但是把它们联合起来，就能够产生惊人的效果。

应该鼓励每一个团队成员积极地尝试，发挥他们的分析、想象、归纳、判断、推理、总结等思维能力。把每一个人的大脑整合起来，找到新的方案、新的构思，让团队走向成功。

### 共享信息与知识

在团队里，我们的最终目标是要形成一个共同的方案，成功完成任务。这就需要团队积极地共享信息与知识。

我们每一个人的大脑都像是一台计算机，它储存着你的知识、经验。每一个人的大脑的存储能力与运算能力都是有限的。它只能够处理有限的问题。不过，如果能够打破彼此的界限，把每一个人的大脑联合起来，这时就好像拥有了一台超级计算机，它拥有强大的存储能力和运算能力，可以解决复杂的问题，应对团队遇到的种种挑战。

### 鼓励团队共赢

每一个人都是从有限的角度去看团队的工作，就好像“瞎子摸象”一样，每个人摸到的只是大象的一部分。只有把每一部分整合起来，才能得到一个真正的大象的样子。

在团队里，每一个人都有着自己对团队工作的认识，只有把所有人的观点综合起来，才能够形成一个共同的蓝图。这就需要作为领导者的你，鼓励团队进行沟通，学会共赢。每一个人都为一座大厦添砖加瓦，才能够看到它的辉煌，每一个人都为团队努力，才能够看到整体的成功，然后从中受益。鼓励你的团队学会共赢，最终会让每一个人受益。

记住一点，在团队里，要鼓励每一名团队成员去积极地共享信息，大胆发言，献计献策，形成合力，积极克服困难，走向成功。

# 释放压力——给团队成员减压

**经典案例：**

姜可是一家计算机软件公司开发团队的负责人。团队最近承担了一款手机购物软件的开发工作，这款软件主要面对本地中老年客户，通过手机网格，提供健康知识科普、就医咨询。因为中老年客户有着很高的医疗保健需求，这款手机软件的前景非常好。

公司对团队的要求是在半年内就要完成这款软件的开发，供客户使用。姜可带领团队，开始了紧张的工作。

由于时间紧、任务重，这款软件的界面设计、功能分析、程序处理等工作都需要在很短的时间内完成。因此，团队经常要开会讨论，几乎每天都要加班。

在这样工作了一个月之后，姜可发现，团队的成员普遍感到比较疲惫，经常在上班时间打瞌睡。仔细询问他们的情况，原来好几位成员除了加班工作之外，还要照顾家人、孩子，两边忙碌，非常辛苦。

在这种情况下，姜可感到，不该为了赶工期而一味地给团队增加压力。他主动向公司管理层打报告，说明了团队工作的进展：现在的进度在计划之中，并稍稍有所提前。同时说明，因为连续工作，团队很疲惫。请公司在下一个节假日的时候，给予一定的补助，安排团队到国外旅游一次。

公司领导层看过报告，经过仔细的讨论，同意了他的请求。在下一个团建的时候，团队整体到泰国进行了旅游。旅游可以携带家属，费用由公司承担。在旅游的过程中，团队成员们都很兴奋，他们参观了当地的风景名胜，充分享受了这次旅行。

回来之后，他们的疲惫消失了，重新投入工作，团队的工作效率也提高了。在随后的工作中，姜可很注意让团队成员劳逸结合，经常会组织一些娱乐放松活动，如K歌、周末自驾游等，很好地为团队进行减压。

在任务期内，这款软件的开发工作成功完成。软件上线运行之后，取得了良好的市场反应。

如果想成为一名成功的领导者，你就必须学会为团队减压。

怎样的团队才是有效率的？有些人认为，给团队带来强大的压力，要人们加班加点地工作，效果最好。其实不然，心理学家发现，那些工作氛围愉快、成员心态轻松的团队才是效率最高的。

为什么会这样？

这是因为，连续的高强度工作会使人们精神紧张、身心疲惫，注意力涣散，工作热情下降，会严重影响工作效率，在这时如果还是坚持工作，不仅产出低，而且很容易出错。

心理学研究认为，我们的身体与心理对于高强度工作的承载是有极限的。如果连续工作，不进行适当的休息与放松，就好像一根铁丝经过反复的折扭就会变得脆弱，很容易折断。心理学里管这种现象叫“心理疲劳”。

有这样一个故事，有一个探险者到南美的丛林去探险。为了穿越一片雨林，他雇了两个当地的印第安人当向导。

探险的过程十分顺利，几乎没有遇到什么麻烦。到第4天的时候，眼看着要到森林的边缘，两个印第安人却说什么都不走了。探险者非常不解地问：“为什么？”这时，其中一个印第安人回答说：“在我们印第安部落，自古以来就有一个规矩：工作 3 天之后必须要休息一天，这样才能让灵魂跟得上我们的脚步！”

听到这个故事之后你的想法是什么？你的灵魂跟得上自己身体的脚步吗？

现代生活的特征之一就是快节奏、繁忙，人们不知疲倦地追求，我们被压得喘不过气来，很难有放松的机会。

但长期的紧张工作可能会导致身心的疲劳，表现为紧张、焦虑，容易疲倦；对生活失去兴趣，热情减退，常有劳累的感觉且不易恢复，无精打采；情绪不稳定、易怒、易冲动，有时会出现抑郁情绪。

身体上的表现也是明显的，身体乏力、血压升高、失眠多梦，可能会诱发心脏病、胃肠道疾病、神经衰弱等多种疾病。

俗话说“磨刀不误砍柴工”，适度放松是为了积攒精力与体力，为下一步工作做好准备。作为领导者，一定要学会为你的团队减压。

### 构建宽松的工作环境

团队面对的往往是具有高度挑战性的任务，需要在短时间内完成，对我们的身心都是一个考验。放松的环境更有助于释放你的潜能，因此要构建一个轻松的工作氛围。

例如，允许你的团队成员在办公桌上摆放自己喜欢的装饰物或者家人的照片；在办公室的窗台上摆放几盆养眼的植物，如文竹、万年青等；办公室的桌子、椅子可以摆放得更休闲一些，不必按紧凑的方式排列；在走廊靠窗户的位置设置一个小小的吧台，放几张椅子，摆上一些茶、咖啡等饮料，供团队成员在工作疲惫的时候放松一下。

在悠悠的茶香与咖啡香中进行感情的交流，可以说一些共同感兴趣的话题，如足球比赛、旅游、房屋装修等。这既是一种休闲与放松，也是成员间相互了解、增进感情、建立默契的机会。香港的凤凰卫视总部专门为员工开辟了咖啡屋，很多公司现在也在办公楼里设置了总部咖啡厅。让迷人的香气弥漫在办公室的空间里，能给工作增添许多放松的气氛。

### 为团队安排娱乐和休息的时间

不必要求团队成员每一分钟都坐在办公桌前，可以在上下午各留出 20 分钟的休息时间，供他们饮茶、聊天；加班的时候，可以在晚上选择一家有特色的餐馆，选几道精致、口味独特的菜，为他们缓解疲劳；周五的晚上，不要急于回家，可以询问员工是否愿意一起去唱歌；周末的时候，可以组织自驾游、钓鱼、体育比赛等活动，既可以放松身体，又可以增进友谊。

在你的团队微信群里，不时转几个笑话，发几段搞笑的视频；节假日的时候，发几个红包，让大家抢着玩，也可以起到放松和沟通的作用。

### 让团队成员自主地安排工作时间

如果条件允许，可以适当地让你的团队成员自主地安排工作时间。每一个人都有自己的生活习惯、身体的疲惫与兴奋的周期，一味地严格划一，按照同一时间作息，会让他们感觉很枯燥、疲惫。

可以每周划出一天的时间，让团队成员自主安排工作。只要满足八小时工作时间即可，不必在早上准时坐在那里。灵活地安排工作时间，可以激起他们的工作热情，工作效率也会得到提高。

概言之，要记住，应该构建愉快的工作氛围、良好的工作环境，让你的团队处于一种身体与心理的舒适状态，适度减压，能够让你的团队更有活力，有助于他们发挥潜能，走向成功。

# 不要吝啬赞美之辞——肯定下属的成绩

**经典案例：**

方苇是一家电视广告公司的经理，主要负责电视广告的拍摄、制作等工作，制作的广告在本地的电视台播出。他性格开朗、思维活跃，经他拍出的电视广告，形象生动、特色鲜明、富有创意，常常能在第一时间就抓住观众的心，因此公司的业务一直很好。

一段时间以来，由于业务量比较大，方苇很忙碌。这时，有一位客户来谈业务，要拍一种婴儿奶粉的广告，时长为 20 秒，要求富有创意，有吸引力，准备在本地电视台播出。

由于方苇此时手里还有其他的工作，一时脱不开身，于是他把这件工作交给自己的助手赵杰去做。

过了一个星期，赵杰拿着拍好的广告初样找到方苇，询问他的意见。方苇接过初样，仔细查看了它的效果。结果发现，赵杰拍的这个广告比较平淡，只是请了一位家庭主妇作模特，手持这种奶粉，罗列了它的优点，如营养丰富、价格实惠、包装量大、适合婴幼儿食用等，但给人的印象不深。

在这种情况下，方苇并没有急于批评赵杰，而是请他坐下来一起讨论。他首先指出了广告的几处优点：

第一，内容上比较全面，指出了这种奶粉的优点，如营养丰富、富含维生素、价格实惠等。

第二，拍摄的画面比较精致，色彩搭配合理。

第三，突出了奶粉的天然、有机、无公害等有竞争力的优势。

在表扬了优点之后，方苇才指出它的缺点。那就是画面比较呆板、缺乏活力、创意不够。

听到方苇恳切的评价，赵杰表示同意。在方苇的指导下，赵杰重新拍摄了广告，这一次，他请了一位正在哺育婴儿的母亲作为模特，着重突出了母亲用这种奶粉哺育孩子的场面，以及孩子健康、快乐的样子，广告看起来温馨、有活力，突出了强烈的家庭氛围。这一次，方苇非常满意，在把成果交付给客户时，客户也给予了很好的评价。

如果想让团队取得成功，你就必须学会夸赞下属。

心理学研究认为，夸赞能够激发一个人的上进心。你夸赞别人，是对他们的性格、能力、品质等内在的优点进行肯定，这会让他们产生强烈的荣誉感，激发工作热情，产生意想不到的效果。

“二战”结束后，艾森豪威尔当选为美国总统。他是军人出身，毕业于著名的西点军校，曾经担任盟军的总司令。因为这种经历，在当选为总统后，他一直保持着严厉的风格，做事一丝不苟。

有一次，艾森豪威尔接到了下属的一份报告，这是一份关于时局形势分析的报告，艾森豪威尔发现这份报告写得很粗糙，只是罗列了一些资料，缺乏分析，还有些凌乱。他非常生气，让秘书把写这份报告的人找来，准备好好批评一下。

但是当这个人来到面前时，艾森豪威尔发现她只是一个二十多岁的女孩子，刚到白宫，只是一个实习生，缺乏经验。她不知道发生了什么：“总统先生，您找我来有什么事？”

艾森豪威尔本来想狠狠地批评她一顿，但是看到这样一个明显经验不足的女孩子，他突然觉得有些不忍。他想了想，换一种口气说：“这份报告是你写的吗？”

女孩子回答:“是的，总统先生。”

艾森豪威尔:“我看了你写的这份报告，我觉得很有特点，资料很丰富，文笔也不错。”

女孩子听了这样的话，很高兴:“是吗？这是我第一次写这样的报告，我还以为您会不喜欢它呢。”

艾森豪威尔：“我很喜欢它，不过，也有一些缺点。”然后艾森豪威尔指出，报告虽然罗列了很多资料，但是缺乏分析，重点不突出，而且各部分之间衔接也不紧密。

女孩子在听了这些意见之后欣然接受，回到自己的办公室，重新修改，很快就形成了一份资料充分、分析透彻的报告。这一次，艾森豪威尔非常满意。

所以，赞扬的话能够激发一个人的信心，让他们产生工作的热情，释放出自己的潜能。

团队是一个分工协作的群体，只有每一个人都发挥出自己的潜能，才能够让团队在整体上取得成功。如果团队成员之间总是相互猜疑、不信任，团队之间的协作就会受到影响。

积极的赞扬可以传递你对同伴的信任和期望，使他们受到鼓舞，产生一种强烈的想与你一起奋斗的决心。所以，在团队里，一定要学会去表扬你的团队伙伴，多多激励他们。

### 多使用赞扬性的话

当你与团队成员交流工作的时候，应该多使用赞扬性的话，例如：

“你这个方案设计得很好。”

“你这项工作做得不错。”

“你的意见对我很有启发。”

一个人的工作中总会有优点，即使有不足，也应该先肯定这些优点，再督促他们改进。当评价一个人的工作时，切勿抓住一点问题，劈头盖脸地就批评一顿，而是应该认真了解、全面看待，先提出优点，再指出问题。

### 了解团队伙伴

应该多了解你的团队伙伴，然后进行有针对性的沟通。对待性格固执的人可以含蓄一些；对待性格软弱的人可以果断一些；对待聪明的人不需要说得太多，只需暗示就可以了；对待迟钝的人则需要明确地指出来……了解他们的性格、爱好、能力等特点，在此基础之上再进行沟通，容易取得好的效果。

### 认真听取团队伙伴的意见

在团队沟通时，不要急于否定别人的意见，即使他们是错的，也要听他们把话讲完。如果有观点上的分歧，要坦率地向他们解释你为什么这样想，你的构想是什么。在制订方案时，可以邀请团队成员一起参与，让他们有一种“身在其中”的感觉，使他们感到这个方案与自己是密切相关的，他们更愿意与你一起努力。

### 经常沟通

团队的力量来自每一个人的力量的贡献，不要只看到自己，不考虑别人的意见。要主动融入团队，积极贡献自己的建议。就算有人不愿意主动与你沟通，你也可以主动一些，大方地与他们聊聊天，参加他们的活动，了解他们在想什么，也让他们知道你的爱好、兴趣、关注的问题，寻找共同语言，就可以达到有效沟通、相互鼓励的目的。

### 及时肯定团队伙伴的工作

当团队伙伴完成一件工作时，要及时给予反馈。对于你认可的部分，要夸赞，表示祝贺；对于不满意的部分，可以在先表达对其优点的认可之后，再指出问题所在。注意不要用过激的语言，要心平气和，只谈问题。负面的评价可以在私下里先沟通，让对方有一个接受的过程。

概言之，要记住，要学会去表扬你的团队伙伴。用积极的话语去肯定他们，激发他们的工作热情，然后他们就会释放出自己的潜能，与你一起走向成功。

# 第六章

## 提升你的个人魅力——团队领导的性格魅力

## 拥有大度的性格——更热情，更开朗

**经典案例：**

王欣在IT公司的开发部门工作，是项目团队的负责人。在组建团队的时候，为了推进自己的工作，在看过大量的求职履历，又经过严格的面试之后，他精心挑选了自己的团队成员，这些人经验丰富、学历较高、拥有特长。他感到自己的团队是最强的组合，有了这样的团队成员，他有信心把工作做好。

但在项目开始后仅两个月，就遇到了麻烦。有一天，有两个团队成员向他的上级部门提出，要调动到同一家公司的另外一个开发团队去。那个团队负责的是相似的项目，任务相近，因此调动起来很容易。上级征询王欣的意见，问他是否同意这样的调动。

对于这样的要求，王欣感到十分意外，他很不理解这两位团队成员为什么会这样做，是自己有什么做得不好吗？论绩效奖金，他自信自己给的不比那个团队的少；论工作能力，他相信自己也不输给对方的团队领导。他精心组建的团队，队员却要跳到竞争对手那里，这让他很不开心。

那么，问题出在哪里呢？

王欣不能说不是一个认真的领导，他仔细为团队制订了计划、分配了任务，以身作则，身先士卒，在工作中严格要求自己，与团队成员一起加班到很晚，总是一丝不苟地督促他的团队成员完成工作。但为什么团队成员还是提出了离开的申请？

这是因为，王欣的管理是生硬的。他性格内向、不擅长沟通表达，他认为，话不用多说出来，每个人在心里明白就可以。他给团队制定的严格的规则，要每一个人都遵守。平时除了工作，他很少与团队成员说话。因为沟通不畅，导致他的想法不能够及时地被其他团队成员理解。他也比较固执，一旦自己认定是对的事情，就不允许别人再有不同意见，团队成员即使不能接受，也只能按照他的要求去做。他也不太擅长体察团队成员的需求，如他的团队任务很重，经常需要加班，他很少在加班的空隙与成员们聊聊天，缓解一下他们疲惫的精神。在团队成员的眼里，他是僵化的、固执的，让人难以靠近。也正是因为这样的原因，两个团队成员在发现自己的意见得不到回应时，最终提出调离的申请。

如果想成为一名成功的团队领导，你就必须让自己的性格变得开朗热情起来。

心理学中有一种效应，叫“辐射效应”，它的意思是说，如果你有一个开朗、热情的性格，你的语言、行为都会变得富有魅力，就像一个小太阳一样，发出源源不断的光芒，照耀和温暖别人，使他们愿意围绕在你的身边，消除分歧，与你一起努力。

心理学家调查过许多著名的政治家、企业家、体育明星、文艺明星，在研究他们的性格时，发现他们几乎无一例外地都具有这种开朗、热情的特点。他们乐观、积极，擅长去感染和激励别人，用共同的目标去号召别人，使周边的人产生强烈的工作愿望，克服困难，直到成功。

南非前总统，著名的黑人领袖曼德拉，早先是律师，因为目睹了种族歧视的种种不公，希望用法律来改变南非黑人同胞的悲惨境遇。后来他发现走不通，因为南非当时的法律从根本上就不给黑人与白人平等的权利。于是，他领导黑人进行了积极的抗争。他到处游说，发表演说，与黑人交谈，号召他们团结起来，与种族歧视做斗争。甚至在他被捕入狱的时候，仍然与看守他的狱警交谈，向他们传播自己的平等理念。他的演说热情十足，极富感染力，凡是听过他的演讲的人，无不感到振奋，深深被他的人格魅力所折服。这样，原本是一盘散沙的南非黑人团结起来，形成了一支强有力的力量，与当时控制社会的白人政权做斗争，最终取得了胜利，赢得了与白人平等的地位。

所以，在团队里，一定要学会改变自己的性格，让自己变得积极、开朗，去影响和鼓励你的团队，这对于团队的成功至关重要。

## 在团队成员面前表现得信心十足

作为团队的领导者，你要对工作充满信心，在团队伙伴面前表现得信心十足。团队是一个战斗的集体，如果你的心态乐观、行为坚定，那么团队成员受到影响，也会变得团结一致。但如果你感到焦虑、信心不足，因队也会受到影响。要相信经过坚持努力，团队的目标可以实现，并且你也要把这种信心传递给你的伙伴。

当然信心来自实力，你要对团队的工作有一个通盘的了解。有了充分的准备，你就能应对自如，遇事不慌乱，表现得自然、大方，得到团队成员的信任。

## 保持热情

热情来自我们对生活的热爱。要懂得生活的不完美，不要因为暂时的困难而整天垂头丧气；要相信每一天的生活都是美好的，要热情地与别人打招呼、聊天；要相信周边的人都是友善的，你的热情最终会打动他们。付出终将有回报，有了这样的心态，你就能积极起来，以一种健康快乐的心态去与人交往。

## 学会共享，帮助你的团队伙伴

热情的人必然是喜欢分享的。因为他们深知成功不是来自一时的得失，而是来自长期的努力。要学会积极地共享，共享知识、信息、经验、技能，每一次共享，对别人都是一种助力，让他们感到你的关怀，受到鼓舞，在这个过程中，团队就会共同成长。

在销售团队里，你可以分享一个营销广告的创意；在 IT 项目团队里，你可以分享一个编程技术；在车间生产团队里，你可以分享一次关于产品质量提升的经验。不要在意一时的付出，每个人内心都有一种平衡，你付出多少，别人就会回报你多少，甚至更多。有付出，终将有所得。

不自私，不抱怨。多从别人的角度考虑问题，了解团队成员的需要是什么，去帮助别人，为团队注入营养与活力，他们会变得强大，然后反过来又会回报你。

总而言之，要想让团队走向成功，你就要提升自己的个人魅力，让自己变得开朗起来，用你的乐观去感染别人，使他们产生强烈的工作热情，发挥出潜能，这样团队就会走向成功。

# 没人喜欢“闷罐子”——做一个健谈的人

**经典案例：**

方宾是一家手机游戏开发团队的项目负责人。他精通好几门编程语言，擅长美工、游戏情节设计，参与过好几个大型电脑游戏项目，有着丰富的项目经验。因此，当公司决定开发一款手机休闲类游戏时，决定提拔他作为项目负责人。同一个团队里还有 6 名开发人员。

这款游戏名叫“水果大战”，游戏的主题是在一个植物园里，苹果、橘子、西红柿、豌豆等，齐协心力打败入侵的偷菜贼，以及与病虫害做斗争的故事。故事情节新颖有趣，市场前景十分不错。

方宾对这款游戏投入了很多，在画面设计、游戏情节设计以及技术实现方面都进行了精心的策划，为团队制订了详细的工作计划。

但是方宾性格比较内向，不擅长言谈。他不太喜欢到人多的场合，如果到人多的场合，就会感到紧张。在团队里，他很少和团队成员聊工作以外的事情。每次说话的时候，他都表达得很简略，同事经常不太理解他的话。他喜欢用邮件和微信与同事沟通，因为他觉得这样会减少尴尬。

方宾在生活中几乎没有什么兴趣爱好，回到家里，他的主要乐趣就是看电视，再就是玩游戏，人际交往的范围很小。

因为这样的性格，在工作中也时常会出现一些问题。比如，有时他在交办一件工作的时候，因为表达不清，同事没有听明白，在执行的时候，无法达到预期效果。这对团队的工作产生了不小的影响。

方宾也意识到了自己的不足。于是他决定改变自己，让自己更健谈一些。

他开始主动与团队成员打招呼，每天早上见到他们时，对他们微笑，并且主动说“你好”。

工作时，每当团队成员有技术问题找到他时，他总是很耐心地解答，不再像以往一样，说几句话就完事。解释以后，还会询问：“我说的你弄明白了吗？”

在团队开会时，他每次都精心准备，认真发言，详细介绍自己对于工作的设想。

在工作休息的时候，他还主动来到团队伙伴身边，与他们一起聊天，谈时事新闻、体育比赛、股票等他们感兴趣的话题。

经过这样的努力，大家发现，方宾在发生变化，由以往的“闷罐子”，变成了一个热情、积极、乐于表达的人。在这个过程中，不仅团队成员对他的信任增加了，他的表达能力也得到了提高。团队的气氛变得更加融洽。

在团队的共同努力下，到了年底的时候，这款手机游戏软件得到成功的开发，取得了良好的市场成绩。

如果你想成为一个成功的领导者，最好让自己变得健谈。

心理学认为，语言表达能力对于一个人的成功很重要。

这是为什么?

原因在于，语言是人们之间沟通的最重要的渠道。你和别人相互认识、了解，离不开语言；向别人说明你的目的和要求，离不开语言；与别人相互交流、解决问题，离不开语言；与人相互支持、鼓励，离不开语言。

可以设想，如果没有自如的表达，你将不被别人所了解，别人也很难了解你，你们就无法达成共识，团结一致，实现目标。

心理学认为，语言表达是人与人之间联系的纽带。越是健谈的人，他与别人交流的机会就越多，他能够清晰地让别人知道自己的意图。

心理学家发现，那些在生活与事业中取得成功的人，无一不具有强大的表达能力，如林肯、丘吉尔、罗斯福、乔布斯……这些在政界、商界等各个领域取得成功的人，他们都有着开朗的性格和强大的语言表达能力。他们总能抓住你的内心，找到共同感兴趣的话题，随时传递自己的理想与目标，把人们团结起来。

首先，要知道你的团队伙伴需要的是什么。

有一次，一位愁眉苦脸的推销员找到著名的心理学大师布朗，对他说："布朗先生，我好苦恼。您要知道，我的生活太失败了，我卖的洗衣粉，几乎没有几个人感兴趣。"

布朗："那你都和顾客说什么呢？"

推销员："我告诉他们，这款洗衣粉价格便宜、质量好，但她们还是不理我。"

布朗说："那你为什么不问一下，她们在洗衣过程中最苦恼的是什么？"

这位推销员将信将疑地去做了，结果不久他就高兴地跑回来告诉布朗："她们告诉我，在洗衣过程中最怕的是又脏又难洗的油渍，我就告诉她们我这款洗衣粉的特点就是强力去油渍，结果洗衣粉真的卖出去了！"

当你知道别人需要什么的时候，自然就会找到他们感兴趣的话题。例如，在一个营销团队里，你可以与团队成员谈客户心理、广告风格、价格定位、渠道推广方面的话题；在一个 IT 项目团队里，你可以与团队成员谈软件界面设计、操作流程、编程知识方面的内容；在一个车间生产团队里，你可以谈加工工艺、质量管理等方面的知识。这是他们所关心的问题，自然就能引起他们的兴趣。

## 要敞开心扉，大胆地去说

很多人有这样的疑虑：我天生胆小、害羞，每到人多的场合就脸红，和别人说话就感到紧张，怎么可能还能自如地表达？其实，要想做到健谈并不难。只要改变心态、多加练习，就可以做到。

人们常说“熟能生巧”。表达能力也是通过不断的锻炼才能够获得的。事实上，那些著名的演说家、政治家、企业家，他们的表达能力也是经过不断的练习才获得的。

著名的演说家希尔小时候貌不出众，性格内向，不擅长表达，经常遭到同伴的嘲笑。他不甘心这样下去，开始进行坚苦的练习。他每天坚持 1 个小时的时间，朗读歌德、雪莱等人的诗句，一有时间就看书，如马克·吐温、海明威等人的小说；坚持看电视和听广播，学习那些播音员的发音。从前，他每到人多的场合就感到害怕，躲在角落里，不敢说话。现在，他不再害羞，会主动地和他们攀谈，毫不羞涩地表达自己。正是通过这样不断的练习，他终于成长为享誉世界的演说家。

## 丰富自己的知识

如果想让自己表达自如，还要从内心充实自己。俗话说“学富五车”，言语是内心的表达，反映的是我们对一件事情的看法。只有内心丰富，有着对生活与工作的深刻理解，表达的时候才能够逻辑清晰、条理分明、妙语连珠。生活中要多读书，多看新闻，多与朋友交往，经常参与讨论，多旅行，让自己的大脑充实起来。你的阅历越丰富，表达能力也就越强，此时，你的演说就好像一幅徐徐展开的画卷，妙趣横生，引人入胜，你将会变成众人注意的焦点，因为他们发现，你总能给他们带来新的创意、新的点子。

**充分的耐心**

万事不能着急，不管做什么事情都不可能一蹴而就，在提高表达能力的过程中，开始肯定会遇到很多困难，比如，当你想对别人说话的时候，却突然想不起来该说什么；或说话不恰当，说错话、用错词，表达不清晰等。但不要着急，只要坚持下去，熟能生巧，你的知识越来越丰富，言语越来越熟练，表达能力就会提高。

总而言之，要记住一点，那就是要让自己变成一个健谈的人。积极地去表达自己，传递信息、与人建立信任，你就会变得充满魅力，成为团队伙伴信任的人，勇敢带领团队走向成功。

# 利用潜意识通道——学会使用非语言信息

范英在一家手机制造公司的总部工作。最近，她被调到北方的一座城市做当地的市场部总监。该公司生产的手机在本地市场面对竞争对手的蚕食，市场份额下滑严重，急需提升士气，重新夺回市场份额。总部对她寄予了厚望。

范英到任以后，立即开始了解情况。她发现，在本地消费市场上，竞争对手推出了几款旗舰手机，这些手机功能强大、价格实惠，有着时尚的样式，再加上强大的广告宣传与话费优惠，在本地市场上引起了很大的震动。本公司手机的销量受到了严重的挤压。

受到销量不振的影响，市场部的团队成员也都心情低落，每天上班的时候无精打采地看电脑，不知道怎么办。

在这种情况下，范英意识到，必须重新振作销售团队的士气。

她到任后不久，就召开团队会议，在会议上，她首先表明：本公司的产品仍然具有竞争力，只不过在手机设计的样式上稍微有些落伍。公司正在着力推出一款新型的旗舰手机。这款手机参考了现在最流行的款式，面向青年人、白领群体，有着良好的市场前景。

同时，她又指出了公司在广告设计、价格策略、销售渠道的发掘方面仍有很大的提升空间。她请大家与自己一起努力，一同把下一个季度的销售工作做好。

随后的日子里，范英表现出了一个强大的领导者的气质，她每天面带微笑，以身作则地完成好自己的工作。她还随时走到团队中间，查看大家正在进行的工作，给出自己中肯的建议。她利用空余时间与每一个团队成员聊天，了解他们的兴趣、爱好，尽快与他们熟悉。她就像是一团火，不管走到哪里，带去的都是一股热风。她的举手投足之间都流露着一种积极与自信。即使在不说话的时候，人们也能感受到她内心的乐观与强大。

在范英的影响下，团队沉闷的气氛消失了，大家又开始活跃起来，工作节奏明显加快。在遇到困难的时候大家彼此鼓励，积极想办法解决问题。

这样，虽然刚来到团队不久，范英就成功激励了团队，大家都觉得她是一个有能力并富有魅力的领导者。

随着公司新款手机的推出，范英带领整个销售团队进行了精心的准备，制作了一个时尚且动感十足的广告，突出青年人的活力，充分体现了手机的精致与实用。结果这款手机在本地市场推出后不久就取得了良好的效果，公司一举扭转了此前销量不畅的局面。

如果你想成为一个成功的领导者，就要学会用非语言的信息去激励团队。

人们之间在相处时，非语言的信息也会对别人产生强大的心理影响。心理学家做过一个实验，要求一些推销员去卖商品。对其中一些推销员，心理学家要求他们在见到客户的时候，只是大声地与客户说话，但没有任何身体的接触。对于另外一些推销员，则要求他们在见到客户的时候，做的第一件事就是与客户热情地握手。结果发现，那些与客户握手的推销员，销售的成功率比前者高出了20%。

这个实验说明了什么？

它说明，人们的一些非言语的信息，包括表情、动作、身体的接触等，都可能会对别人产生强大的影响。很多时候，尽管你并没有说话，但是你的行动已经在无形之中影响了别人。这就是心理学里的“潜意识”原理，它的意思是说，一个人可能会在不知不觉之间受到别人影响，在潜意识里发生变化。

### 注重你的态度和行为

一个人的态度会对别人产生很大的影响。在团队里，你应该表现得积极、乐观，看别人时尽量面带微笑；说话的时候声音要适中，不要太低，让人听不到，也不要太高，打扰别人；走路的时候，腰部挺直，步速不快不慢，显示出你内心的从容；与人相处时，目光不要躲闪，要与人有目光接触；听别人说话时，要做出认真倾听的样子，不要轻易打断别人的话，待别人说话的间隙或休息时再发言；说话时语调要平和，多用商量的口吻，不要直接命令对方。这样的态度会让人感到你是一个容易相处、内心平和的人，从而对你产生信任感。

在团队里，应该多和别人打招呼，早上来到办公室，可以愉快地向每一个人微笑，并致意：“早上好。”晚上下班时，也可以打招呼：“下班了，再见！”周末下班时，可以说：“周末愉快。”

当你做出这样的举动时，向团队伙伴传递的是内心的友善、自信，这种情绪会在无形间影响到别人，使他们也发生变化。

### 学会握手与拥抱

很多朋友觉得很奇怪，打个招呼不就行了，为什么要和别人握手？其实，握手是一种很重要的沟通手段。在你与别人握手的时候，传递的是一种支持、信任与理解的信息。和别人初次相识时，可以握手；长久未见，可以握手；庆祝成功时，也可以握手。除此之外，取得成绩时还可以相互拥抱。在足球比赛中，我们常看到运动员在进球之后相互拥抱庆祝，这能够激发球队的团结与信任。这些身体接触，虽然看上去不起眼，但是包含了丰富的信息，注意使用，会对提升你的团队士气很有帮助。

**培养与团队成员相同的兴趣**

为了更好地与团队伙伴沟通，可以在生活中有意培养一些共同的兴趣爱好。人们常说“趣味相投”，有了共同的兴趣和爱好，彼此之间就容易成为朋友。比如健身、自驾游、烹饪、音乐、钓鱼等，有了爱好，就有了和别人共同的话题，成为彼此交往的突破口。

概言之，要记住，一些不经意的动作、表情等身体语言也能够影响别人，使他们在潜意识里发生变化。多使用这些非语言信息去影响团队，可以构建一个融洽的氛围，帮助你的团队走向成功。

# 当众发言是树立权威的好机会——敢于当众发言

**经典案例：**

姜风是一家电子元件公司的车间生产团队的负责人。他在公司工作多年，从一线的技术工人做起，积累了丰富的技术经验，凡是在生产中遇到的难题，只要是找到他，几乎都可以得到解决。再加上他一直勤奋钻研，利用业余时间自修了大学文凭，公司经过慎重的考虑，决定提升他为车间主任，这既是对他既往工作的肯定，也是一种信任，公司对他寄予了厚望。

但是姜风却有些忧虑。虽然他吃苦耐劳，与团队伙伴一直合作得很好，但是在真的要成为车间的领导者时，他担心自己做不好。他性格有些内向，不擅长表达，怕自己无法胜任这个职务，尤其是在成为团队的领导者之后，每天都要当众发言，这对他几乎是一种折磨。该怎么办?

经过反复的思考，他决定努力提高自己的表达能力，因为他不想在困难面前后退。

为了能够自如地表达，他进行了改变。每天早上来到车间的时候，他都要召开这一天的例会，布置当天的工作。为此，他在前一天晚上就精心准备了文案：团队每天要完成哪些工作？有怎样的定额？需要达到怎样的质量标准？由谁来负责什么任务？可能会遇到哪些问题？他把这些列在纸上，提前把它们看熟了，直到几乎能够脱稿说出来的程度。

他甚至在家里把它们大声地念出来，直到表达流畅、吐字清晰，没有迟滞。他还注意自己的语气，尽量让话语坚定、有力，听上去不那么羞怯。

一想到要当众发言，可能因为紧张而忘掉自己要说的话，他就努力使自己平静下来，然后鼓励自己："别着急，你一定能够说好。"

经过这样的练习，他发现自己的信心提高了，表达能力也增强了。每天站在团队的面前，从前那些紧张、害羞、不知所措的感觉在一点点地消失。他的表达越来越清晰。

团队成员们也注意到了他的变化，发现他变得坚定、有力，总能清晰地描绘出团队的目标，让大家知道下一步的方向是什么。他总能事先考虑各种困难，鼓励大家团结合作，团队的凝聚力也渐渐增强了。

经过这样的努力，姜风成功地适应了作为团队领导者的新角色，在他的带领与激励下，团队提前两个月就完成了全年的生产任务，得到了公司的嘉奖。

如果你想成为一名成功的领导者，就必须学会当众发言，在团队面前树立自己的形象。

心理学家认为，当众发言是一名领导者不可或缺的能力。这是因为，作为领导者，你就是整个团队行动的标杆、方向的指引者。一个人在当众发言的时候，他的举手投足之间，都在表现着他的性格、品质、对生活和对事业的态度，他的言语则表现了对于工作的理解。可以说，当众发言是对领导者的一种考验，如果你经受住了这种考验，就能够在团队成员心目中树立坚定、强有力的形象，使他们信任你，愿意与你一起努力，否则，你就可能失去他们的信赖。

美国著名的五星上将马歇尔，在 1939 年任美国陆军参谋长，在第二次世界大战中，他帮助总统罗斯福出谋划策，坚持先攻纳粹德国再攻日本，为美国在"二战"的胜利做出了不可磨灭的贡献。

他以擅长演说、富有激情而著名，是一个强有力的领导者。但他并不是从来就是这个样子。马歇尔在小的时候学习不好，性格内向，考试总是最后一名。他后来承认，9 岁时他便认定自己注定是“全班的劣等生”。父亲对他很失望，常用柳条来管教他。但这也没能让他的成绩好起来。

父亲把他送到军校里，希望他能够发生改变。来到军校以后，马歇尔发现，周围的人看上去都精力充沛、活力十足，唯有自己萎靡不振、胆小怯懦，他可不想输给别人。

于是，他开始了转变。他勤奋地训练，努力地学习，看各种书籍，大声朗读名篇佳作；积极参与学校的活动，锻炼自己的口才；在各种场合下频频露面，提高自己的社交能力与表达能力。他很快就被提升为班长。利用这个机会，他频繁地组织各种社会活动，参加各种演说，开始在政治上崭露头角。最后，他以“优秀生”的身份毕业。

在此后的生涯中，马歇尔一直保持了这种作风，他坚定有力，活力十足，擅长演说，到处向人们宣传他的政治理念，鼓励人们团结起来，对抗法西斯德国与日本，成了一位富有影响力的领导者，直到晋升为五星上将。他为被战争破坏的西欧各国恢复生产做出了杰出贡献，对世界政治格局产生了深远的影响。

在当众发言时，很多人感到很苦恼，他们担心：“我的性格内向，我并不是不想说话，而是不知道该和别人说什么。”这时，可以有意迈出一步。

### 去描述你的愿景

在团队里，应该学会向团队描述你的愿景。

愿景就是我们对于未来的期望。它不是现实，它是我们对于未来的规划，就好像你在心里筹划要盖一座桥，想象着它的高大、宏伟、壮观——它还没有真的出现在你面前，但它又完全可能变成现实。在你想象它、描绘它的时候，你在描绘它的每一个细节，它有多长，有多少个桥墩，有怎样的桥面与护栏……当你行动的时候，就会感到胸有成竹。这种内心的勾画就是一个愿景。

在你当众发言的时候，也可以为团队去描绘这个愿景。团队成员为了一个共同的目标走到一起来。当你描绘愿景的时候，就是在告诉他们你的期望，会自然地与别人产生共鸣。当我们每一个人的愿景结合在一起的时候，就会产生一个共同的目标，会激发强大的行动能力。所以，应该学会用语言去描绘团队的愿景。

### 大胆地发言

没有人是天生的演说家，那些成功的政治家、企业家、律师等，他们的演说能力，都是通过不断的练习获得的。首先你要学会大胆地发言。

在生活中应该学会与别人交谈，朋友聚到一块儿，休息的时候，你可以寻找你们共同感兴趣的话题，如健身、汽车、股票、音乐、影视等；可以在每天早上，选一小段文章，如世界名著、诗词，进行大声的朗读，直到能够把它流畅地、富有情感地表达出来；还可以把你在团队会议上要做的发言的提纲写下来，反复看熟，不断朗读，直到能够流畅地表达出来。

有了这样的练习，你的信心就会增加，就可以在团队会议上表现得大方自如。

### 描述细节

如果你想让发言更有吸引力，还可以描述它的细节。

在销售团队里，你可以向团队伙伴描述你的客户群体有哪些人，他们的收入水平、年龄组成、性别组成、兴趣爱好，以及他们都通过哪些渠道购物，是网站还是购物中心，他们分别喜欢什么风格的商品等；在 IT 项目团队里，你可以向团队伙伴描述你正在开发的软件，它的界面是怎样的风格，软件的图案是什么样的，它有着怎样的功能才能够吸引客户的兴趣等；在车间生产团队里，你可以向团队伙伴描述产品的生产过程，产品由哪些零件组成，这些零件是怎样排列的，它们的组装次序是怎样的，怎样才能够防止装配的不当……

当你细致地描绘这些细节的时候，自然就会激发团队伙伴参与的兴趣，他们会与你一起构思，你们相互促进。在这个过程中，你们彼此之间不仅会出激发出强大的工作热情，还会收获心灵上的满足。

### 鼓励团队成员为共同的愿景努力

在团队里发表演说时，应该多使用激励性的话语，如：

“我们一定会把这件事做好。”

“我对把这件工作做好充满信心。”

“只要团结一致，我们一定会成功的。”

用这样的话语，把团队的士气调动起来。团队就会由一个个分立的个体变成一个强大的整体。

记住一点，一定要提高自己当众演说的能力。用富有激情的话语去激励别人，影响团队，向他们描述你的愿景，使大家协同一致，一起努力，直到成功。

# 第七章

## 让懒散消失在无形之中——提升团队执行能力

## 按部就班——用计划去控制你的团队

**经典案例：**

彭友是一家计算机公司的团队负责人。最近，团队接受了一个任务，要开发一款“斗地主”游戏软件。这款游戏软件要为寻求休闲放松的人提供一个平台，在网络上随机分配“房间”，每三个人一组，玩“斗地主”游戏。如果获胜，则获得积分奖励，如果输了，就罚分。由于市场上已经有数款同类的游戏软件，因此公司对这款软件的要求是，更生动、活泼，让参与游戏的人充分放松。公司要求这款游戏在五个月内开发完成。

由于时间紧、任务重，彭友在接到任务后，立即开始准备。为了确保团队工作进展有序、执行有力。他制订了详细的计划。

具体地说，从游戏的界面设计，包括游戏房间、画面图案风格、背景音乐类型、玩家的形象等，到后来的程序实现，以及玩家的积分奖励与惩罚的机制，彭友对每一个环节都进行了充分的考虑，并且把它们列在计划上。

但仅有这些还不够。除了这份整体的工作计划，为了确保团队的任务能够得到有效的执行，彭友在团队会议上，又要求他的团队伙伴根据这份整体计划，做出个人的工作计划：团队里的美工专家小王负责“斗地主”游戏界面的设计，那么房屋大厅什么时候设计完成？玩家的人物形象什么时候设计完成？背景音乐的选择工作什么时候完成……

在他的要求下，每一位团队成员都做出了个人的计划。

有了这些计划，彭友感到信心十足，因为他和团队都知道未来的五个月中有哪些工作要做，在什么时间去做。

随后，团队紧紧围绕着这些计划去行动，工作进展有条不紊、富有效率，团队的开发任务得到了强有力的执行。

在仅四个半月之后，这款游戏就成功推向市场，因为幽默的设计、搞笑的音乐、丰厚的积分奖励，得到了玩家良好的评价，游戏在线人数不断开创新高，该款游戏成功打入了市场。

如果想提高团队的执行力，你就要学会为团队制订计划。

我们都知道有一个成语——有备无患，意思是说，凡事提前做好准备，在采取行动的时候就会坚决、果断。

心理学家发现，那些在事业上取得成功的人，几乎毫无例外地具有周密的提前计划的能力。心理学家认为，一个人如果缺乏周密的准备，缺乏对将来的规划，在行动的时候就可能慌乱，遇到困难时不知道该如何解决，他就很难成功。一个团队也是如此，如果团队对将来的工作缺乏充分的提前思考，没有做充分的准备，当困难发生时就会乱作一团。

麦克阿瑟是美国历史上的常胜将军。第二次世界大战时期，他在太平洋战场指挥了许多重大的战役，战功显赫。他是五星上将，同时又是美国历史上最年轻的准将、西点军校最年轻的校长、美国陆军历史上最年轻的陆军参谋长等，有着许多让人羡慕的光环。

曾经有人问他："是什么让你的战功如此显赫？"对此，麦克阿瑟的回答是："在指挥每一次战役之前，我都会做精心的准备，制订详尽的作战计划，然后在战役开始时，我们要做的就是坚定地执行这个计划。"

在每一次战役之前，麦克阿瑟都会仔细分析对方的军力、装备、火炮的位置、空中支援的力度、军队的部署，甚至包括对方指挥官的既往战绩、个人爱好等，然后做出一个详细的计划。正是因为有了这样的计划，尽管战场上局势瞬息万变，但麦克阿瑟和他的军队总能做到心中有数、从容应对。

在团队里也是如此，作为团队的领导者，你应该对将来的工作做精心的准备、仔细的筹划，并且要求每一位团队成员也这样做。团队的执行能力就会得到很大的提升。

### 构思团队的整体工作计划

作为团队的领导者，你首先要为团队制订一个整体的计划。计划是我们行动的指南。有人担心："我怎么可能在现在就把所有的工作都考虑周到？将来的事情哪能在现在就说得准？"其实不然，作为团队的领导者，你应该对工作的进度有一个预期，大致考虑和安排时间及进度。

例如，在一个销售团队里，领导者应该把市场调查、客户心理分析、广告设计、渠道推广等销售的不同环节充分考虑到，初步估计每一件工作应该在怎样的时间节点完成；在一个 IT 项目团队里，领导者应该把客户需求分析、软件界面设计、流程分析、编程等各个环节考虑周全，对每部分工作给出一个较为明确的时间节点；在一个车间生产团队里，领导者应该把原材料加工、零件加工成型、质量管理等各个环节进行充分的预估，给出较为清晰的时间安排。

有了这样的整体计划，你就可以运筹帷幄、胸有成竹，随时掌控工作的进度了。

### 让每一名团队成员提交自己的工作计划

为了控制团队任务的完成进度，还可以要求每一名团队成员提交自己的工作计划。团队的工作就好像是一条大河，河水汹涌澎湃、奔腾向前。但是，只靠自身的力量它还不能这样强大，它还有许多支流，正是这些涓涓的支流汇集在一起才形成了一条大河。

每一个团队成员也要有个人的计划，把个人的计划与整体的计划结合起来，就好像支流对于大河的支援一样，才能形成一个强有力的整体，保证团队工作能够有效执行。

作为领导者，你应该督促团队伙伴们形成做计划的习惯。做这样的计划绝不是浪费时间，相反，它可以督促你的伙伴去认真考虑下一步要做哪些工作，需要利用哪些资源，要花多长时间才能完成，可能会遇到哪些阻碍、怎样克服……有了这样的思考，在行动的时候，他们就会按部就班、从容不迫，团队的执行力就可以得到很大的提升。

记住一点，越是进行精细的提前计划，当你采取行动的时候，就越是坚定有力。

## 充分考虑可能遇到的各种困难

如果你想进行一次旅行，那么就需要准备一份行程：将选择哪里作为旅行的目的地——海边的度假胜地、古老的村落，或者宁静的森林……为了完成这次旅行，你将选择怎样的交通工具，是自驾游、乘火车，还是乘飞机；在旅行的途中，你可能面对怎样的困难，比如飞机不能按时刻走，景区的酒店人满为患，突发恶劣天气……越是充分考虑了这些困难，提前想好应对的办法，你在行动的时候就越是从容。

团队工作也是如此，在做计划的时候，应该召开团队的会议，让每一名成员把可能遇到的困难列举出来，然后大家献计献策，提前想好应对的办法。准备越是充分，当困难发生时，就越是应对自如。这对于提高团队的执行力非常有好处。

总而言之，在团队里，要学会制订计划，用计划去控制工作的进度。让每一名团队成员都这样去做，这对于提高执行力非常有好处，能够帮助你的团队走向成功。

## 关注进展——及时检查下属的工作情况

**经典案例：**

雷明是一家食品公司车间生产团队的负责人，公司主要负责生产果冻、果味饮料等儿童食品。由于公司的儿童食品花样多、口味好、包装新颖，销量一直不错。

到了夏季，正是炎热的季节，公司管理层经过慎重的考虑，决定增加一条酸奶的生产线。本地酸奶产品的销量一直很好，公司想借助酸奶销售的旺季，一举打入这个市场。

但这就给雷明增加了新的负担，因为他原来管理着两条生产线，一条是果冻食品，一条是果味饮料。新增加的酸奶生产线给他增加了很多新的工作量。

在这种情况下，雷明决定进行授权。他把公司的果冻食品的生产任务交给了自己的得力助手小马。小马是公司的资深员工，一直是他的助理，有着丰富的经验。雷明又把果味饮料的生产管理授权给自己的另外一位助手小王。小王也是公司的资深员工，多年来一直是雷明的左膀右臂。

在授权之后，雷明把主要精力放在新增加的酸奶生产线上。从原料牛奶的选择，到发酵时间的掌控，再到糖、香味剂等的添加，他都进行了精心的安排，以便保证酸奶的质量。

同时，对于授权之后的果冻与果味饮料生产线，雷明并没有置之不理。他每天都抽出一定的时间，听取小马与小王的汇报，了解工作的进展，以保证生产出来的产品质量过关。

通过这样的办法，雷明既保证了酸奶的生产进度，又掌控了其他两种产品的生产情况。

在他的管理下，三条生产线齐头并进，团队的任务得到了有效的执行。不仅果冻与果味饮料继续保持了很高的市场占有率，公司新开发的酸奶产品也成功打入了市场。

如果你想提高团队的执行力，就要随时检查下属的工作情况。

有不少领导者，在把权力授出之后，就置之不理，以为下属可以自发把工作做好。其实，下属能否把工作做好，还取决于你的监督。

心理学家做过一个实验。他们在一家制衣工厂里，选择了两组制衣女工。对于其中的一组，他们不进行任何干预，只是要求她们自发完成从裁剪到缝制，再到熨烫的全过程。对于第二组，心理学家派一些管理员深入每一个环节，与女工交谈，询问她们是否有什么困难，并且对她们的困难给予热情的帮助与解答。

结果发现，对于那些没有进行任何干预的女工，她们表现得很松懈、随意，工作起来很散漫，效率很低。另外一组则不同，女工们的士气高昂，工作态度认真专注，工作效率很高。

这个实验说明了什么？

它说明，当领导者保持对团队的关注时，可以大大提高团队的工作效率和执行力。

这种现象来自心理学里的一种效应，即“关怀者效应”。心理学家发现，当一个人受到别人关注的时候，往往能够激发出其内心的热情，释放出惊人的能量。在足球比赛中，运动员在主场观众的助威声中，常常能够有出色的发挥，打败强大的对手。当我们受到别人的关注的时候，会产生一种渴望证明自己的愿望，这种愿望会变成强大的工作动力，提高团队的效率。

所以，在团队里，授权之后不可撒手不管，相反，要保持对团队的关注，与每一位团队成员密切沟通，随时了解工作的进展，让团队高效地运行，产生强大的执行力。

## 充分利用团队会议去检查工作执行的情况

有些人认为，团队会议就是大家坐在一起，汇报一下工作进展，其实团队会议是一个宝贵的成员之间相互沟通的机会。利用这个机会，你可以很好地提高团队的执行力。

你可以首先把一段时间以来的工作总结一下：这段时间我们取得了哪些成绩？工作进度怎样？是否有超前或者滞后的情况？工作中有哪些困难？在团队里，谁的工作完成得比较好，谁的工作完成得不够？

还可以把你发现的问题提出来，请大家献计献策，共同讨论解决的办法。在你做完总结之后，还要请每一名团队成员发言，总结他们每一个人一段时期以来的工作进展、遇到的困难。对于遇到的困难，要发动大家一起想办法解决。

通过团队会议，既总结了经验，又对困难提出了解决的方案，同时对下一步工作也有了明确的规划，这对于提高执行力非常有益。

## 要团队伙伴定期提交总结

为了保证团队的执行力，还可以要求你的伙伴定期提交工作总结。在工作总结里可以包括这样一些内容：

最近一段时间工作执行的情况怎样？

都取得了怎样成绩，遇到了哪些困难？

对于困难，有没有什么解决的建议？

在下一步的工作中，你的工作设想是什么，计划是什么？

在下一步的工作中，你希望团队为你提供怎样的帮助？

这种工作总结可以每周一次，也可以每半月一次。不要过于频繁，但也不要间隔时间太长。如果过于频繁，就会给你的同伴增加工作量，如果间隔时间太长，就起不到督促执行的作用。要根据你的团队情况来决定。

总而言之，作为领导者，要深入团队，随时检查团队工作进展，了解团队成员的工作进度，这对于提高团队的执行力很有帮助。坚持下去，可以帮助你的团队走向成功。

## 避免“踢皮球”——提升下属的责任意识

**经典案例：**

常英是一家互联网公司的项目负责人。最近，项目团队接到了一个任务——开发一款手机预订软件。主要面向旅行客户及商务出行的客户，为他们提供方便、快捷的住宿和机票预订服务。用户可以通过软件预订各种价位的酒店，以及较低折扣的机票。

为了成功开发这款软件，常英进行了精心的准备。他把团队分成两组，一组负责前端技术开发，一组负责测试。后一组的任务是对前一组的工作进行检查和调试，对发现的问题进行反馈和修改。在进行了这些准备之后，团队投入了紧张的工作。

但是，在项目实施一段时间以后，常英发现了一个问题。有一次，他要求对这款软件的一个广告弹出窗口进行改进，具体地说，就是把一个低价机票的广告放大，并且放在软件界面上最显眼的位置上，以便让客户能够清晰地看到。但是，在把它交给团队以后，常英发现该任务许久也没有得到执行。

他去询问开发人员，开发人员说：“我已经按照要求进行了改进，把低价机票的广告弹出窗口尽量放大，并且把改进后的结果交给了测试人员。”

他又去询问测试人员，测试人员的回答是：“我确实收到了开发人员交来的软件，并且进行了测试，但是结果不让人满意，这个广告窗口虽然被放大，但还是不够醒目，我又要求开发人员重新开发。”

当常英再度询问开发人员时，开发人员说："我已经按照要求进行了改进，不明白为什么测试的结果不理想。"

当常英仔细检查项目的计划书时，发现其中有一处写得不明确。计划书并没有对这个广告窗口的大小进行详细的规定，导致开发人员与测试人员出现了分歧，相互推诿，影响了团队工作的进行。

在这种情况下，常英立即召开了团队会议，在会议上，他与开发人员、测试人员一起详细讨论了这个广告弹出窗口的尺寸多大最合适，然后再去执行，问题很快得到了解决。

在以后的工作中，常英更加注意明确每一个人的工作职责，分清每一个团队成员的责任，团队的执行力得到了有效的提高，在半年以后，这款手机预订软件如期上市运行，得到了用户的良好反馈。

如果想提高团队的执行力，你就必须避免下属之间"踢皮球"。

许多领导者都有这样的感觉：给团队下达了一个命令，要他们尽快把一件事情做好，可是过了一段时间，发现这件事情几乎没有任何进展。在去询问团队成员的时候，他们大都会答："这件事情我已经做好了，出了问题，那不是我的责任。"几乎每一个人都这样说，他们把责任像皮球一样踢来踢去。时间过去很久，工作却毫无起色。这时该怎么办？

为什么会有"踢皮球"的情况发生，都是因为团队成员的懒惰与不负责任吗？其实不然，心理学家发现，"踢皮球"现象有其背后的心理成因。

心理学家发现，人们总有一种相互依赖和等靠的心理。心理学家做过一个实验，他们在拥挤的火车站里派了一位实验员，让他化装成一位老人，这位老人假装不慎跌倒，在地上坐着无法站起，然后观察来往人们的反应。

结果发现，很多人停了下来，试图去搀扶这位老人，但在犹豫之后，又离开了。心理学家询问这些人：“为什么你没有去搀扶这位老人？”结果，他们的回答是：“我觉得有这么多人，他们会去做的。”

人们大都有一种等靠的心理，当问题发生时，他们常常会觉得：“这件事会有别人处理好的，这不是我的责任。”

所以，提高团队的执行力，就要去提高团队的责任意识，加强每一个人对自己工作的责任感。

## 给下属指派明确的任务

为了避免推诿的情况发生，就要给下属明确指出他们要做的工作是什么。

作为领导者，你首先要对团队的工作有一个整体的了解，就好像一位汽车迷熟悉他的爱车一样：车的发动机排量是多少？每百公里油耗指标是多少？车的起动加速能力怎么样？车的巡航速度以多少最为合适？当你熟悉了团队工作的每一个环节的时候，自然就知道完成它需要怎样的技能，需要由谁去做，可能会遇到哪些困难，等等。

例如，在一个销售团队里，你正在设计一种洗发水的营销广告，有许多工作环节，包括广告的图案设计、文案写作、广告的制作、广告的布置，以及向客户推销等。每一件工作都是具体的，图案设计需要良好的美工知识与图形设计能力，文案写作需要良好的写作能力，广告的布置需要动手操作能力，向客户推销需要良好的沟通表达能力……

在团队工作的初始阶段就需要细化责任，最好是能够责任到人。为每一位团队成员指派明确的任务，让他们知道自己的任务是什么。你还可以把完成任务的标准告诉他们，如广告设计要新颖、大方、醒目、有吸引力等，最好可以量化。这样，他们就能够根据这些要求把工作做好，避免相互推诿。

### 出现推脱责任时要及时进行沟通

一旦发生了“踢皮球”的情况，应该立即组织团队进行沟通。

还以前面的洗发水广告设计为例。当你发现广告设计不够新颖、缺乏吸引力的时候，负责图案设计的团队成员与负责文案处理的团队成员可能会出现相互推脱责任的情况。负责图案设计的团队成员可能会抱怨：“是文案写得不好，语言太平淡。”负责文案写作的团队成员可能会抱怨：“是图案设计得不好，太老套。”

这时，应该立即召开团队会议，让团队成员积极发言，说出他们对问题的看法。找到问题究竟出在哪里，然后提出解决的办法。

除了召开团队会议，平时也应该加强与团队成员的沟通，如定期让团队成员写总结，汇报自己的工作进展；利用工作的间隙与团队成员聊天，了解他们在工作中的困难。这些都可以让你提前发现问题，避免问题扩大化。

### 加强团队的合作氛围

要知道，我们的团队是由不同经验背景、拥有不同特长的人组成的，为了一个共同的目标而努力。大家的知识背景和习惯不同，在工作中可能会出现分歧，因此，提高团队的合作意识非常重要。

在团队闲暇的时候，可以组织一些团队的活动，如聚餐、旅游、登山，也可以组织一些拓展训练，做一些团队合作游戏，如拔河、接力赛跑等。这对于加强团队的合作氛围非常有好处。

### 奖励那些有担当的人

当团队出现责任不清的情形时，对于那些能够主动承担责任、为团队分担忧愁的人应该给予奖励。作为团队领导者，要做到奖罚分明——鼓励那些为团队做出贡献的人，惩罚那些逃避责任的人。这样，当下次再遇到困难时，团队成员就愿意勇于承担责任，努力解决问题。

总而言之，要记住，作为团队的领导者，你要学会分清每一名成员的责任，避免责任不清，同时构建良好的团队合作氛围，让大家通力合作，共同解决困难，推动团队向前进。

## 不任人唯亲——选择诚实守信的人作为工作伙伴

**经典案例：**

任敏是一家城市日报社新闻部的主编，报社为本地居民提供及时的新闻时讯、娱乐休闲等信息。最近几年，由于网络媒体的冲击，报社的业务重心由纸媒转向手机、电脑等新媒体。由于报社职员的全体努力，在这次转型中，不仅保住了原来的市场份额，业务量还有所增加。

任敏所在的新闻部主要负责采编本地快速、及时的新闻。由于业务量的增加，她的团队最近新聘了两名新闻编辑，分别是小吴和小赵。他们都是男孩子，大学毕业，几乎在同一时间来到报社。小吴性格开朗、擅长交际、喜欢和人打交道，刚到报社就主动出击，和每一个人热情攀谈，很快和大家打成一片，还总是帮任敏跑前跑后，任敏也非常喜欢他。小赵性格有些腼腆，到报社以后，表现得不那么活跃，经常是一个人坐在自己的座位上整理资料。

在实际的工作中，任敏发现，小吴虽然性格外向，但是专业功底不那么扎实，他写的文稿常常会有一些文字性错误，语句也不够通畅。任敏交给他的任务，他常常不能按时完成。小赵虽然不爱说话，但是文字能力很强，他写的文稿语句通顺、逻辑合理，可读性很强。任敏交给他的任务，他总是加班加点，能够在第二天及时交上来，完成得十分认真。

在两个人到报社半年后，报社有一个机会，要派一名新员工到国外接受培训。在考虑人选的时候，报社的不少人都提出让小吴去，因为大家都很熟悉他，喜欢这个爱说话、性格开朗的小伙子。虽然小吴很得任敏的欢心，但是任敏经过反复考虑，还是决定派小赵去。她觉得小赵话虽然少，但是做事认真仔细，对工作负责，信守承诺，交给他的任务他总能按时完成。

小赵在经过了三个月的培训之后回到报社，重新投入了工作，在工作中，他依旧认真负责，兢兢业业，很快就独当一面，成为任敏的左膀右臂。

当然，对于小吴，任敏也寻找机会把他送到上一级机构进行了培训，培训之后，他的工作能力也有了显著的提高。

因为任敏的恰当用人，她团队的执行能力得到了有效的提升。

如果想提高团队的执行力，就要选那些诚实守信的人作为你的团队伙伴。

心理学认为，诚实守信是人们在相互交往时一项十分重要的品质。人们彼此间相处的基础就在于信守承诺。我们答应了别人一件事，就要尽量把它做好。如果能够做到这一点，势必会给别人带来一种心理上的满足，使他们产生继续与你合作的愿望。但是如果不能完成，总是令人失望，那么别人对你的期望就会落空，他们不再信任你，合作也难以维持下去。

在我国明朝有一个大学问家叫宋濂，因为杰出的政治才能被明太祖朱元璋重用。

宋濂小时候喜欢读书，但是家里很穷，没钱买书，他只好向人家借书看。每次借书，他都讲好期限，按时还书，从不违约，人们都乐意把书借给他。一次，他借到一本书，越读越爱不释手，便决定把它抄下来。但是还书的日期快到了，他只好连夜抄书。正值寒冬腊月，滴水成冰。母亲说：“都半夜了，这么冷，天亮再抄吧。人家又不是等这本书看。”宋濂说：“不管人家是不是急着用这本书，到了期限就要还，这是个信用问题。如果说话做事不讲信用，失信于人，怎么可能得到别人的尊重？”最终他还是连夜把书抄完，如期把书还了回去。

因为这种诚实守信的品格，加上学富五车，宋濂成长很快，最终成为一代名臣。

所以，在团队里，一定要选择那些诚实守信的人作为你的伙伴，这样才能够提高团队执行力，让团队走向成功。

### 看团队伙伴是否能把自己分内的工作做好

团队是一个高度分工、协作的整体，在这个整体里，为了一个共同的目标，每个人都要承担一定的任务。如果有一个人的工作做不好，就会影响到其他人。因此，对于团队成员来说，首先要把自己分内的事情做好。把分内的工作做好，对别人就是一种支持。就好像一座大楼，虽然它很高大，但它是由一砖一石碓砌起来的，离开一砖一石的支持，整个大厦也就不复存在。所以，履行承诺，首先就是要把自己分内的事情做好。当每一名团队成员都这样做的时候，团队才能拥有强大的执行力。

### 根据一个人的实际能力来评价他

在团队里，每个人的性格特点、习惯、能力、特长都各不相同。对于一些性格内向但是能力突出的人，应该给予机会。

团队是一个协同战斗的整体，只有发挥每一个人的特长，共同努力，团队才能成功。有些领导者，只喜欢选择听话、顺从自己的人来做团队伙伴，但不考虑他们的实际能力。虽然平时人际关系融洽，但是遇到困难的时候，就会发现自己身边缺乏有真才实学的人。

有的人虽然不擅长表达，但是思维缜密、经验丰富、能力突出，他们未必是不愿意合作，只是由于性格的原因，难以把话说得那么圆润。应该就事论事，多谈工作，了解他们的真实想法，也对他们给予鼓励和回馈。这对于团队的工作会很有帮助。

### 对于无法完成的事情要给一个合理的解释

有时候我们确实由于时间、精力等原因，无法兑现承诺，这时应该给对方一个合理的解释，告知你是因为什么不能兑现承诺，如时间不充分、资料不充分，人员不够、技术有困难等，让对方予以谅解。当你发现不能按时履行承诺时，要提前告知对方，让他们有充分的准备。

记住一点，在团队里，要选择那些有真才实学、信守承诺的人作为你的团队伙伴。他们也许不那么会表达，人际相处能力并不老练，但是他们能在关键的时候能挺身而出，为团队排忧解难。有了他们的帮助，你的团队才能够拥有强大的执行力。

# 第八章

## 运筹帷幄——提升你的组织能力

## 天才未必比庸才更好——善于合作的人更有价值

**经典案例：**

于谦是一家房地产公司销售团队的负责人，团队的主要任务是对本公司开发的商业楼盘进行广告设计、制订营销方案。

最近一段时间以来，公司刚来了几名实习生。他们要完成三个月的实习，然后公司从中选择表现优秀的人，聘为正式职员。

小王和小张都是实习生里的一员。小王毕业于名牌大学的营销专业，专业功底扎实，在文字处理、广告设计方面都有着熟练的技能。但是他的性格比较孤傲，平时表现得不够活跃，不愿意参与团队交流，在团队讨论时总是很沉默。小张毕业于一所不太出名的大学，学历背景并不出众，但是他性格开朗、乐于助人，每当团队讨论的时候，他总是积极发言，从市场调查、楼盘特点、广告设计等多个角度，为团队献计献策，总能提出一些好点子来。

在日常工作中，小张也主动承担了一些工作，比如，团队一起出差的时候，他会主动帮大家查询路线、联络客户；当别人遇到困难的时候，如广告文案没写好，他也积极地帮忙出主意。在工作中，他干劲十足，每天早早来到公司开始工作。在工作的间隙，他也会主动与大家聊天。

大家都觉得小张是一个热情的、愿意合作的人。

在实习期结束的时候，于谦发现，虽然小张在刚来的时候，在专业技能上比小王还有一定的差距，但是经过几个月的实习，他成长很快，已经成为一名合格的团队成员，团队也因为他的努力得到了发展。经过再三考虑，于谦向公司管理层提出建议：小张是表现最出色的实习生，请公司把他聘为正式员工。

公司管理层最后同意了于谦的要求，小张成为团队的正式一员，并且在随后的工作中发挥了积极的作用。

如果想让你的团队获得成功，就要为团队选择那些善于合作的人。

心理学上有一种效应，即“授粉效应”。各种植物开出漂亮的花朵，引来辛勤的蜜蜂，让它们采蜜，但是蜜蜂在采蜜的时候，在花蕊上来回爬动，也帮助植物完成了授粉。这样，双方都得到了回报。

人与人之间相处，也存在这种现象。心理学研究发现，那些成功的、取得了卓越成绩的团队，其成员无一例外地都拥有强烈的合作意识。在这些团队里，人们相互宽容、理解，能够主动付出，争相把自己的知识、经验、信息共享出来，对别人产生帮助，并积极消除隔阂，这样，不仅每个人都能得到回报，团队整体也因此受益。

“投之以桃，报之以李。”人与人之间讲究共赢的关系。大家在团队里工作，不仅自己要有收获，还要让每个人都有收获，才能够建立良好的关系。如果只是一个人单方面收获，其他的人都是付出，那么这种关系很难维持长久。

所以，在团队里，要选择那些善于合作的人作为你的团队伙伴，这对团队的成长会很有好处。

## 选择宽容大度的人作为你的团队伙伴

将一元钱分给两个人，每个人只能够得到这些钱的一半；把一个人的知识、经验分给两个人，那么每个人都可以获得同样的知识、经验。学会分享会使你获得真诚的回报。要选择胸怀大度的人作为伙伴，不在乎一时的得失。一个人为别人付出的越多，得到的回报就越大，对团队的贡献也越大。如果只想着独享，团队的气氛就会受到破坏。

## 选择能够让步的人作为你的团队伙伴

在团队里，应该有长远的目光，不要只在乎一时的得失。

团队是一个思维碰撞的地方，大家时常会产生各种分歧，这时该怎么办?

博比是一位销售专家，在汽车、保险等领域都取得了出色的销售成绩。曾经有人问他:“是什么让您取得了这样出色的成绩？”他的回答有些出人意料。他说:“因为我总是做出让步。”

在销售的过程中，最难的就是如何就价格达成一致。博比在推销的时候，总会面对客户的各种刁难，客户尤其会在价格上寸步不让。这个时候博比总会做出让步。在他看来，虽然自己做出了让步，甚至是亏本销售，看上去受到了损失，但是经历了这个过程，客户就会更愿意与他合作，并对他的付出产生感激。当他下次再登门销售时，不需要费多大力气就能够取得成功。

在团队里，要选择那些能够做出适当让步的人。不要纠缠眼前利益不放，“一叶障目，不见森林”，要有长远眼光。适当让步，会让你赢得更多的机会，对团队合作也会产生有益的推动作用。

## 选择能够帮助别人的人作为你的团队伙伴

在团队里，看到别人遇到困难时，应该为别人着想，急他们之所急，提供必要的帮助。能够帮助别人的人可以对团队工作带来更大的价值。

总而言之，要记住，在团队里，要选择那些主动付出、有合作精神的人。团队是一个分工与协作的整体。只有大家能够相互帮助，在别人遇到困难的时候施以援手，才能在彼此之间建立一种心理上的默契，让团队走向成功。

## 诚实的人最可靠——不要选择言而无信的人

**经典案例：**

殷诚是一家新开张的糕饼店的经理，糕饼店主要制作和销售各种甜点。糕饼店地处城市的繁华路段，销售情况一直很好，客户常常是排队购买。

因为业务量较大，殷诚又新聘了两名面点师——小李和小王，让他们一起参与甜点制作。

但是有一天，殷诚发现新烤出来的面包不够松软，吃起来很硬，而且一连好几天都是如此。有一些客户对此提出了意见。周五的时候，殷诚把整个团队叫到一起，开会总结工作。在会议上，他提出了这个问题："为什么一周以来烤的面包都不够松软？"

大家一时议论纷纷。就在这时，新来的面点师小李主动站了出来，他承认道：因为自己的经验不足，对发酵机使用不够熟练，导致时间掌握不好，面包发酵程度不够，才出现了这种情况。

看到小李诚实地承认了自己的错误，殷诚感到这件事情还可以挽回。作为一个新人，对发酵机的操作不熟练是完全可以理解的，他没有责备小李，而是找出时间帮助小李熟悉发酵机的操作流程，小李很快就能够熟练地进行操作了。

渐渐地，殷诚发现，尽管有这样一点小的瑕疵，小李在工作中还是一个认真、负责、诚实的人，凡是交给他的工作，他总能够兢兢业业地完成。如果工作出现问题，他总是勇于承担责任，从不撒谎。根据这些表现，殷诚认为小李是一个可以信赖的人，就渐渐把一些更重要的工作交给他来负责，小李也都完成得很好。

在小李来到糕饼店两年以后，因为出色的表现、诚实的工作态度，被提升为糕饼店的副店长，成为殷诚的左膀右臂。

如果想让你的团队走向成功，就要选择那些诚实守信的人作为你的团队伙伴。

心理学认为，诚实是人的一项十分重要的品质。在与别人相处的时候不隐瞒真相，有话实说，让他们根据情况做出自己的判断，这样双方在交往中就容易产生信任，产生共赢的结果。如果总是隐瞒真相，让别人不知道实情，势必会影响到别人的判断，长久下去，不利于个人和团队的发展。

团队的合作，最重要的就是诚实与相互信任。如果成员之间总是相互隐瞒真相，势必会动摇合作的基础。在团队里，坦率、真诚的氛围很重要，正是因为有这种氛围，团队才能团结一致、通力合作，这对于他们的成功也至关重要。

所以，一定要选择诚实的人作为你的团队伙伴。

### 观察你的团队伙伴是否能够认真完成工作

团队是一个协同战斗的集体，只有每一个人把自己的工作做好，才能保证团队整体工作能够有序地展开。在团队里，应该观察你的成员能否把自己分内的工作做好。

在团队里，如果每一个人都能把自己分内的工作完成好，就是对别人最大的帮助。有了这些样的人作为你的伙伴，团队就容易走向成功。

### 帮助团队伙伴解决实际的困难

当然，当你把一件工作交给自己的团队伙伴的时候，不能就此置之不理。团队的工作大都具有高度的挑战性，靠一个人的力量往往很难完成。作为领导者，应该随时了解工作进展，向团队成员询问有什么困难，发现困难应该及时解决。

## 在生活与工作中了解你的团队伙伴

应该与团队成员保持紧密的沟通，可以在工作的间隙，来到团队成员的身边，与他们聊天。观察每一位团队成员的表现，看他们是否能够坦率地说出自己的意见，是否愿意为团队的工作出谋划策。在工作中，观察他们能否真诚地帮助别人，等等。

通过这样的观察，你就会对每一个成员的性格、习惯有一个深入的了解，知道他们是否拥有诚实的品质，然后决定重要的任务应当交给谁来做。

总而言之，要在生活中、工作中注意观察你的团队伙伴，看他们是否诚实、可靠、认真、负责，言出必行。用诚实的人作为你的团队伙伴，让团队成员之间充满信任感，彼此信守承诺，会帮助你的团队走向成功。

## 反叛者也有可取之处——不要选择只会听话的人

**经典案例：**

江堂是一家运动服装公司的设计团队负责人，团队的主要任务是设计各种时尚、流行的运动服装、运动鞋，满足市场上客户的需要。

江堂有着丰富的设计经验，经他主持设计的体育运动服装，外形美观大方、青春时尚，充满运动气息，穿着舒适，客户的评价很高。

新年伊始，江堂的团队里又新来了几名成员，他们大都刚刚走出校门，虽然缺少经验，但是热情、思维活跃，给团队带来了许多新的活力和创意。这正是江堂希望看到的。

不过，随着时间的推移，江堂发现其中有一名成员——小尹，是一个很有反叛意识的人，他刚刚 24 岁，平时话不多，总是一副沉思的样子。但每到团队开会的时候，在别人把自己的设计方案说出来之后，他就开始滔滔不绝地发表意见，从运动服装的面料、衣服的颜色、衣服表面印制的图案，到服装的剪裁样式、衣服与裤子的搭配等，他总能提出很多见解。即使是江堂提出的设计方案，小尹也能提出一大堆意见。

不过，江堂同时发现，虽然小尹是反对意见最多的，但是他的话每次都是经过深思熟虑才说出的，有很多独到的见解，能够为团队的设计方案带来有价值的改进意见。

在这种情况下，江堂对小尹采取了十分宽容的态度，不仅鼓励他大胆发言，还时常与他一起探讨。在江堂的引导下，团队的沟通气氛变得十分融洽，大家纷纷献计献策，完成了多次成功的设计。

到了年底的时候，由于出色的工作表现，团队整体受到了公司的嘉奖。江堂因为敢于任用“反叛者”，成功领导团队完成了任务。

如果你想成功领导团队，就要学会全方位考察团队成员，要敢于任用那些能够直抒己见的人。

“横看成岭侧成峰，远近高低各不同。”这句诗的意思是说，同一座山峰，从不同的角度去观察，看到的形状也各不相同。心理学里有一种现象，叫“认知偏差”，说的就是这种情况。心理学家发现，同一件事情，在不同的人的眼里会有不同的反映。

对于团队伙伴也是如此，在团队里，不能只凭一时的好恶来判断一个人，对于那些有不同意见甚至是“反叛”的人，只要他们是为了团队好，就要有包容之心，给他们施展的空间，这样才有利于团队的发展。

### 敢于任用那些“反叛”的人

有的领导者担心：如果我用了那些“不听话”的人，他们总是与我作对该怎么办？著名的管理大师德鲁克说过：“你用的是一个人的长处，而不是他的短处。”在团队里，我们要让每一个人的特长发挥出来，使团队成为一个紧密合作的整体。

应该敢于任用那些与你意见不一致的人。团队是一个分工与协作的整体，需要每一个人贡献出来自己的知识、信息、方案，大家有不同的意见是很正常的事情，不能因为对方不同意自己的方案就不再任用他，这对于团队的成长没有好处。

### 出现不同意见时要去了解别人的意见

当你发现与团队伙伴意见不一致时，要保持耐心，仔细倾听对方的发言，去了解他们的想法。然后再把自己的意见说出来，双方相互讨论，以平等沟通的方式去解决问题，分歧大都可以化解。

我们需要的是一个能够进步的团队，让每一个人都能够充分发表意见，这样才能够形成最优秀的方案。要对那些提出不同意见的人给予鼓励。

概言之，要记住，在团队里，不要害怕那些有不同意见的人。要允许他们发言，让每一个人都积极地为团队贡献力量，这样才能让团队走得更远。

# 宽大的胸怀——能够容忍下属的错误

**经典案例：**

贺春是一家速冻食品公司的经理，公司主要生产速冻饺子、包子、馄饨等食品，销往本地和周边市场。贺春的团队里有三十余名队成员。其中，小马是一名资深员工，到公司已经有三年。

有一次，贺春突然接到客户的电话。在电话里，客户抱怨说，最近购入的速冻饺子，在进行煮食的时候，出现破损的很多。客户质问为什么会出现这种情况?

在接到客户的电话以后，贺春立即进行了调查。他发现，饺子外皮破损，是因为小马在操作饺子机制作饺子外皮的过程中操作不当，面皮压制得不均匀，有些地方过厚，而有些地方过薄。

一开始贺春非常生气，他想严厉地批评小马。但是考虑到小马入职以来一直兢兢业业、勤勤恳恳，不忍心严厉批评他。那么，为什么会出现这样的情况呢?

在进一步的调查中，贺春发现，原来，公司刚引进了一台新型的饺子机，这台饺子机的使用方式、配料要求和从前的有较大不同。小马是因为对新机器的性能不够熟悉，才导致了失误的发生。

在得知这一情况以后，贺春没有再追究小马的错误，而是带领团队成员一起，仔细研究了新机器的使用方法，加以改进。这样，饺子外皮破损的情况就没有再发生了。

客户不再打投诉电话，团队又恢复了以往的工作效率。因为宽容下属的错误，贺春化解了危机。

如果想成为一名成功的团队领导者，你就要学会宽容下属的错误。

心理学家发现，很多人都有一种完美主义的倾向，即对生活、对工作追求极致，不能容忍任何错误。如果出现一点点瑕疵，就会让他们感到不安，无法接受。

但是，这样的苛刻真的能换来完美吗？恰好相反，这种追求完美的心态把针尖大的问题放大到严重夸张的程度，只会造成自己和别人的心理紧张。

因此，心理学家建议：对生活和工作都应该采取一种宽容的态度。犯错乃人之常情，没必要因为一点小问题大动肝火，只要及时改正即可。

在团队里也是如此，有些领导者对工作采取了过于严厉的态度，不能容忍任何错误，对于下属出现的任何小问题，都要大发雷霆，结果使团队的氛围变得很紧张，反而产生不好的影响。

所以，应该学会宽容，以一种轻松的心态看待团队成员的错误。

## 搞清楚错误为什么发生

在团队工作出现问题时，很多人的第一个反应是："这是谁干的？"找到当事人以后，不分青红皂白，劈头盖脸就是一顿批评。这是不对的。当问题出现的时候，首先要做的不是发火，而是先搞清楚问题出在哪里。

当出现问题时，应该与团队成员一起，仔细检察团队工作中的每一个环节，发现问题是出在哪里，在及时解决的同时避免再犯。

## 控制自己的情绪

当你发现团队工作出现问题时，要控制自己的情绪，不要随意发火。

当你发现自己的心情变得起伏不定时，要提醒自己：

“不要着急，问题一定会解决的。”

“慢慢去想办法，情况就会改变。”

“只要团队一起努力，就可以渡过难关。”

……

用这样的话语让自己的心情平静下来，然后重新回到问题上来，这时往往能够很快找到解决问题的方案。

### 发动团队去讨论错误，吸取经验教训

人们常说：“每一次失败，都是一次经验的积累。”当团队工作出现问题时，可以召开团队会议，在会议上，请每一个团队成员讨论问题是怎样产生的，要怎样去丰富和完善行动方案，以免问题再发生。

### 凡事向前看，不要因为一点小错误而懊恼

迈克尔·乔丹是一位伟大的篮球运动员，但他并不是不犯错误，而是把每次错误都当成改进的机会。乔丹明白这样一个道理：犯错误就像是玩拼图游戏，虽然这一次你拼错了，但只要用心，下一次就可以避免。从每一个错误中吸取教训，免于再犯类似的错误。要记住，过去的事情就让它过去，不要再反复地折磨自己。采取一种宽容的态度，会让你的团队变得善于互相理解和信任，对于整个团队的成长非常有好处。

概言之，要记住，在团队里，要学会宽容别人的错误。宽容是建立信任的基础。只有彼此包容、相互体谅，才能够携手共进，构建一个融洽、和谐的团队。